- Kymmenen käskyä -

Jumalan laki

Dr. Jaerock Lee

*"Jos te minua rakastatte,
niin te pidätte minun käskyni."*

(Joh. 14:15)

Jumalan laki by Dr. Jaerock Lee
Julkaisija Urim Books (Edustaja: Sungnam Vin)
73, Yeouidaebang-ro 22-gil, Dongjak-gu, Seoul, Korea
www.urimbooks.com

Kaikki oikeudet pidätetään. Tätä kirjaa tai mitään sen osaa ei saa kopioida missään muodossa, ilman kustantajan kirjallista lupaa.

Copyright © 2020 by Dr. Jaerock Lee
ISBN: 979-11-263-0566-7 03230
Suomenkielisen laitoksen Copyright © 2009 by Dr. Esther K Chung. Käytetty luvalla.

Julkaistu aikaisemmin koreaksi 2007, Urim Books, Seoul, Korea

Ensimmäinen painos Helmikuu 2020

Toimittanut: Geumsun Vin
Suunnittelu: Editorial Bureau of Urim Books
Painaja: Yewon Printing Company
Lisätietoja varten ota yhteyttä: urimbook@hotmail.com

Alkusanat

Toimiessani pappina minulta kysytään usein samoja kysymyksiä. "Missä Jumala on?", "Näytä minulle Jumala" ja "Kuinka minä voin kohdata Jumalan?" Ihmiset kysyvät näitä kysymyksiä sillä he eivät tiedä kuinka kohdata Jumalan. Jumalan kohtaaminen on kuitenkin paljon helpompaa kuin mitä me luulemme. Me voimme kohdata Jumalan yksinkertaisesti sillä että me opettelemme Hänen käskynsä ja pidämme ne. Monet ovat tästä tietoisia noudattamatta kuitenkaan näitä käskyjä. He eivät ymmärrä sitä hengellistä merkitystä mikä lukeutuu näihin jokaiseen käskyyn jotka annettiin meille Isä Jumalan syvän rakkauden ansiosta.

Yksilö tarvitsee koulutusta voidakseen olla valmis yhteiskunnan kohtaamiseen, ja samalla tavalla myös Jumalan lapsi tarvitsee opastusta voidakseen kohdata taivaan. Tässä Jumalan lait astuvat kuvioon. *Jumalan lait,* Hänen kymmenen käskyään, pitäisi opettaa jokaiselle uudelle Jumalan lapselle ja niiden tulisi päteä jokaisen kristityn elämässä. Jumalan Laki pitää sisällään käskyt jotka Jumala loi meille jotta me voisimme päästä Häntä lähemmäksi, saada Häneltä vastauksia ja olla Hänen kanssaan yhdessä. Toisin sanoen, Jumalan lain opetteleminen on meidän pääsylippumme Jumalan kohtaamiseen.

Suunnilleen vuoden 1446 eKr aikoihin, juuri ennen kuin israelilaiset lähtivät Egyptistä, Jumala tahtoi johdattaa heidät maitoa ja hunajaa virtaavaan maahan joka tunnettiin Kanaanin maana. Jotta tämän tapahtuminen voisi olla mahdollista, näiden israelilaisten täytyi ymmärtää mitä Jumalan tahto merkitsi ja mitä se oli sekä mitä Jumalan lapseksi tuleminen tarkoittaa. Tämän tähden Jumala kaiversi rakkaudella Hänen kymmenen käskyään kahteen kivitauluun jotka pitivät sisällään yhteenvedon Hänen laeistaan (Exodus 24:12). Tämän jälkeen Hän antoi nämä taulut Moosekselle jotta hän voisi opastaa israelilaisia saavuttamaan Jumalan heiltä tahtomansa sydämen. Mooseksen tuli siis opettaa heille mitkä heidän velvollisuutensa Jumalan lapsena olivat.

Noin 30 vuotta sitten minä kohtasin elävän Jumalan. Minä opin ja aloin noudattamaan Hänen lakejaan käydessäni kirkossa ja jokaisessa mahdollisessa herätyskokouksessa. Minä aloitin luopumalla tupakoimisesta ja alkoholin juomisesta ja pian minä kuulin kuinka minun tuli pyhittää lepopäivä, antaa kymmenyksiä jne. Minä aloin kirjata ylös pieneen muistikirjaan kaikki syntini joita minä en pystynyt heittämään pois saman tien. Sitten minä rukoilin ja paastosin, pyytäen Jumalalta apua Hänen käskyjensä noudattamiseen. Tämän johdosta saamani siunaukset olivat ihmeelliset!

Ensinnäkin, Jumala siunasi perhettämme niin että kukaan meistä ei ole enää koskaan sairastunut. Tämän jälkeen Hän siunasi meitä taloudellisesti niin runsaasti että me olemme voineet keskittyä vapaasti avuntarpeessa olevien auttamiseen.

Ja lopuksi, Hän valutti pääileni niin paljon hengellisiä siunauksia että nyt minä voin johtaa maailmanlaajuista lähetysseuraa joka tähtää koko maailman evankelioimiseen ja missioiden lähettämiseen.

Tämä teos, *Jumalan laki,* on kokoelma Hänen sanaansa ja kymmentä käskyä koskevaan inspiraatioon perustuvia saarnoja. Tämä inspiraatio lankesi pääleni minun rukoillessani ja paastotessani pian sen jälkeen kun minä olin aloittanut saarnaurani. Näiden sanomien kautta useat uskovat alkoivat ymmärtää Jumalan rakkautta ja alkoivat elää elämäänsä Hänen käskyjään noudattaen, kukoistaen näin sekä hengellisesti että myös kaikkien muiden elämän osa-alueiden suhteen. Moni sai myös kokea kuinka heidän jokaiseen rukoukseensa vastattiin. Ja mikä tärkeintä, he saivat kaikki myös enemmän toivoa taivaasta.

Joten minä voin taata että Herra tulee antamaan sinulle uskomattomia siunauksia jos sinä opit tässä teoksessa käsiteltyjen kymmenen käskyn hengelliset merkitykset ja alat ymmärtämään meille nämä käskyt antaneen Jumalan rakkauden syvyyden, alkaen näin elää kuuliaista elämää. 5. Moos 28:1-2 sanoo että sinua siunataan joka hetki: *"Jos kuulet Herran, sinun Jumalasi, ääntä ja pidät tarkoin kaikki hänen käskynsä, jotka minä tänä päivänä sinulle annan, niin Herra, sinun Jumalasi, asettaa sinut korkeammaksi kaikkia kansoja maan päällä. Ja kaikki nämä siunaukset tulevat sinun osaksesi ja saavuttavat sinut, jos kuulet Herran, sinun Jumalasi, ääntä."*

Minä haluan kiittää Geumsun Viniä, Käännöstoimiston johtajaa, Urim Booksia sekä hänen henkilökuntaansa heidän vertaansa vailla olevasta omistautuneisuudesta sekä mittaamattomasta avusta tämän kirjan tekemisessä. Minä myös rukoilen Herran nimessä että kaikki tämän kirjan lukijat saisivat ymmärtää helposti Jumalan lait ja että he olisivat Jumalan käskyille entistä kuuliaisempia tullakseen yhä rakastetummaksi ja siten yhä siunatummaksi Jumalan lapseksi!

Jaerock Lee

Johdatus

Me ylistämme ja annamme kaiken kunnian Jumalalle siitä että Hän on sallinut meidän koota tutkielman Jumalan sydämen ja tahdon sisältämistä kymmenestä käskystä tähän teokseen, Jumalan lakiin.

Ensiksi "Jumalan kymmeneen käskyyn sisältyvä rakkaus" antaa lukijalle tarvittavat taustatiedot kymmenestä käskystä. Se vastaa kysymyksiin "Mitä kymmenen käskyä oikein ovat?" Tämä luku selittää meille myös että Jumala antoi meille nämä kymmenen käskyä sen tähden että hän rakastaa meitä ja tahtoo siunata meitä. Joten me voimme saada kaikki Hänen meitä varten luomansa siunaukset kun me noudatamme jokaista käskyä Jumalan rakkaudella.

"Ensimmäinen käsky" kertoo meille että kaikki Jumalaa aidosti rakastavat voivat noudattaa helposti Hänen käskyjään.

Tämä luku kertoo myös miksi ensimmäinen käsky kieltää meitä asettamasta mitään muuta jumalaa Hänen edelleen.

"Toinen käsky" kertoo kuinka tärkeää on että me emme koskaan palvo vääriä jumalia, tai hengellisesti, että me emme rakasta mitään Jumalaa enemmän. Tämä opettaa meille mitä seuraa hengellisesti sekä siitä että me palvomme vääriä jumalia että siitä että me pidättäydymme tämän tekemisestä, ja se puhuu yksittäisistä siunauksista ja kirouksista jotka saapuvat tämän johdosta elämäämme.

"Kolmas käsky" luku selittää mitä Herran nimen turhaan lausuminen tarkoittaa ja mitä meidän tulisi tehdä välttyäksemme sen tekemiseltä.

"Neljäs käsky" opettaa meille sapatin todellisen merkityksen ja se kertoo meille miksi sapatti siirrettiin lauantaista sunnuntaihin siirryttäessä Vanhasta testamentista Uuteen testamenttiin. Tämä luku selittää myös yksityiskohtaisesti kuinka meidän tulee pyhittää lepopäivä tarjoten tähän kolme erilaista tapaa. Luku myös selittää minkälaiset olosuhteet voivat tarjota poikkeuksen tähän käskyyn, eli milloin työ ja talousasiat ovat sallittuja sapattina.

"Viides käsky" selittää kuinka henkilön tulee kunnioittaa vanhempiaan jumalallisella tavalla. Me myös opimme mitä Jumalan, henkemme Isän, kunnioittaminen tarkoittaa, sekä minkälaisia siunauksia me saamme kun me kunnioitamme Häntä ja meidän fyysisiä vanhempiamme Hänen totuudessaan.

Kuudes luku, "Kuudes käsky" on jaettu kahteen osaan. Ensimmäinen osa keskittyy fyysisen murhan tekemisen syntiin, ja sen jälkimmäinen osa selittää mitä tarkoittaa hengellisesti toisen henkilön tappaminen sydämessään. Tämä on jotakin mihin monet uskovat syyllistyvät harvoin sitä kuitenkaan ymmärtäen.

"Seitsemäs käsky" käy läpi mitä tarkoittaa haureuden tekeminen fyysisesti ja mitä se tarkoittaa kun se tapahtuu henkilön sydämessä ja hengessä, mikä on paljon pelottavampi vaihtoehto. Tämä luku myös selittää kuinka merkittävää hengellisesti tämän synnin tekeminen on ja se puhuu rukoilemisesta ja paastoamisesta joiden kautta tämänkaltainen synti voidaan heittää pois Pyhän Hengen ja Jumalan armon ja voiman avulla.

"Kahdeksas käsky" kuvailee varastamisen määritelmän sekä

fyysisesti että hengellisesti. Tämä kappale selittää myös yksityiskohtaisesti kuinka henkilö voi tehdä syntiä varastamalla Jumalalta jos hän ei anna Hänelle Hänelle kuuluvia kymmenyksiä tai uhreja, tai jopa jos hän käsittelee Jumalan sanaa väärin.

"Yhdeksäs käsky" puhuu kolmesta tavasta antaa väärä todistus tai valehdella. Tämä luku myös painottaa kuinka me voimme vetää kavaluuden juuren sydämestämme täyttämällä sen tämän sijaan totuudella.

"Kymmenes käsky" puhuu siitä milloin me voimme tehdä syntiä sen tähden että me himoitsemme naapuriamme. Me myös opimme että on todellinen siunaus että meidän sielumme kukoistaa, sillä kun meidän sielumme kukoistaa me voimme saada siunauksen olla kukoistavia kaikilla elämämme osa-alueilla.

Lopulta, viimeinen luku on nimeltään "Jumalan tottelemisen laki." Tutkiskellessamme Jeesuksen Kristuksen, lain rakkaudella täyttäneen Herran, töitä, me opimme että meidän täytyy omata rakkautta voidaksemme täyttää Jumalan sanan. Me myös opimme minkälainen rakkaus on jopa oikeudenmukaisuutta suurempaa. Minä toivon että tämä auttaa sinua, lukijaa, ymmärtämään selvästi kymmenen käskyn hengellisen merkityksen. Minä toivon että te olisitte aina Jumalan kirkkaassa seurassa noudattaessanne Herran käskyjä. Minä myös rukoilen Herran nimessä että noudattaessanne Hänen lakejaan te saavuttaisitte pisteen hengellisessä elämässänne missä kaikkiin teidän rukouksiinne vastataan ja missä Hänen siunauksensa valuvat kaikkiin teidän elämänne osa-alueihin!

Geumsun Vin
Käännöstoimiston johtaja

Sisältö

Alkusanat

Johdatus

Luku 1
Jumalan kymmeneen käskyyn sisältyvä rakkaus   1

Luku 2 Ensimmäinen käsky
"Älä pidä muita jumalia minun rinnallani"   13

Luku 3 Toinen käsky
"Älä tee itsellesi jumalan kuvaa ja palvele sitä"   29

Luku 4 Kolmas käsky
"Älä turhaan lausu Herran, sinun Jumalasi nimeä"   49

Luku 5 Neljäs käsky
"Muista pyhittää lepopäivä"   65

Luku 6 Viides käsky
"Kunnioita isääsi ja äitiäsi"   83

Luku 7 Kuudes käsky
"Älä tapa" 97

Luku 8 Seitsemäs käsky
"Älä tee huorin" 113

Luku 9 Kahdeksas käsky
"Älä varasta" 129

Luku 10 Yhdeksäs käsky
"Älä sano väärää todistusta lähimmäisestäsi" 145

Luku 11 Kymmenes käsky
"Älä himoitsesi lähimmäisesi huonetta" 159

Luku 12
Jumalan tottelemisen laki 173

Luku 1

Jumalan kymmeneen käskyyn sisältyvä rakkaus

Exodus 20:5-6

"Älä kumarra niitä äläkä palvele niitä. Sillä minä, Herra, sinun Jumalasi, olen kiivas Jumala, joka kostan isien pahat teot lapsille kolmanteen ja neljänteen polveen, niille, jotka minua vihaavat; mutta teen laupeuden tuhansille, jotka minua rakastavat ja pitävät minun käskyni."

Neljä tuhatta vuotta sitten Jumala valitsi Aabrahamin uskon isäksi. Jumala siunasi Aabrahamia ja teki hänen kanssaan liiton. Hän lupasi että Aabraham saisi yhtä suuren määrän jälkeläisiä kuin mitä taivaalla on tähtiä ja rannoilla hiekanjyviä. Ajallaan Jumala muodosti Israelin valtion sanalleen uskollisena Aabrahamin pojanpojan, Jaakobin, kahdentoista pojan kautta. Jumalan ohjaamana Jaakob ja hänen poikansa muuttivat Egyptiin nälänhätää paetakseen ja asuivat siellä 400 vuoden ajan. Tämä oli kaikki osa Jumalan rakastavaa suunnitelmaa jonka avulla Hän suojeli heitä pakanavaltioilta siihen saakka että he olivat tarpeeksi suuriväkisiä ja vahvoja perustamaan oman valtion.

Jaakobin perhe kasvoi aikoinaan Egyptiin muuttaneesta 70-jäsenisestä perheestä suureksi joukoksi joka saattoi perustaa oman valtionsa. Tämän valtion kasvaessa vahvemmaksi Jumala valitsi Mooses-nimisen miehen heidän johtajakseen. Sitten Jumala johdatti heidät Kanaanin Luvattuun maahan, maidon ja hunajan maahan.

Kymmenen käskyä olivat Jumalan rakastavia sanoja jotka Hän antoi israelilaisille johdattaessaan heitä tähän Luvattuun maahan.

Voidakseen päästä Kanaanin luvattuun maahan näiden israelilaisten tuli täyttää kaksi ehtoa. Heidän täytyi uskoa Jumalaan ja heidän täytyi olla Hänelle kuuliaisia. Heillä ei kuitenkaan ollut mittapuuta jonka avulla tarkistaa uskoaan ja olla kuuliainen, ja niin he eivät ymmärtäneet mitä uskon omaaminen ja kuuliaisuus todella tarkoittavat. Tämän tähden Jumala antoi heille kymmenen käskyä heidän johtajansa Mooseksen kautta.

Kymmenen käskyä on sarja sääntöjä jotka asettivat ihmisille mittapuun jota seurata. Jumala ei kuitenkaan pakottanut heitä autokraattisesti seuraamaan näitä sääntöjä. Hän antoi heille kymmenen käskyä joita heidän tuli seurata vasta sen jälkeen kun Hän oli näyttänyt heille ja antanut heidän kokea Hänen ihmeellisen voimansa Egyptiä vaivanneiden kymmenen vitsauksen, Punaisen meren jakamisen, Maaran katkeran veden makeaksi muuttamisen ja israelilaisten mannalla ja linnuilla ruokkimisen kautta.

Tässä kaikenta tärkeintä on se, että Jumalan sanaa sen kymmenen käskyä mukaan luettuna ei annettu ainoastaan israelilaisille, vaan se annettiin kaikille jotka uskovat Häneen tänään jotta he saisivat oikopolun saada kokea Hänen rakkautensa ja siunauksia.

Käskyt antaneen Jumalan sydän

Kasvattaessaan lapsiaan vanhemmat opettavat heille lukemattomia sääntöjä. "Sinun pitää pestä kätesi sen jälkeen kun sinä olet leikkinyt ulkona", ja "Pidä aina peitto pälläsi kun sinä nukut" ja "Älä koskaan ylitä tietä punaisen valon palaessa." Vanhemmat eivät pommita lapsiaan näillä säännöillä tehdäkseen heidän elämästään hankalaa. He opettavat lapsilleen nämä säännöt sen tähden että he rakastavat näitä. Luonnollisesti vanhemmat haluavat suojella lapsiaan taudeilta ja vaaroilta, pitää heidät turvassa ja auttaa heitä elämään rauhassa koko elämänsä ajan. Tästä samasta syystä Jumala antoi meille, Hänen lapsilleen, nämä kymmenen käskyä. Hän teki näin sillä Hän rakastaa meitä.

Kohdassa Exodus 15:26 Jumala sanoo näin: *"Jos sinä kuulet Herraa, Jumalaasi, ja teet, mikä on oikein hänen silmissänsä, tarkkaat hänen käskyjänsä ja noudatat kaikkea hänen lakiansa, niin minä en pane sinun kärsittäväksesi yhtäkään niistä vaivoista, jotka olen pannut egyptiläisten kärsittäviksi, sillä minä olen Herra, sinun parantajasi."*

Jakeissa 3. Moos. 26:3-5 Hän sanoo: *"Jos te vaellatte minun säädöksieni mukaan ja noudatatte minun käskyjäni ja pidätte ne, annan minä teille sateen ajallansa, niin että maa antaa satonsa ja kedon puut kantavat hedelmänsä. Ja puiminen kestää teillä viininkorjuuseen asti, ja viininkorjuu kestää kylvöön asti, ja teillä on kyllin leipää syödäksenne, ja te saatte turvallisesti asua maassanne."*

Jumala antoi meille nämä käskyt jotta me tietäisimme kuinka kohdata Hänet, saada Hänen siunauksiaan ja vastauksia rukouksiinsa, sekä jotta me voisimme elää rauhaisaa ja iloisaa elämää.

Toinen syy siihen että meidän pitää noudattaa Jumalan lakeja nämä kymmenen käskyä mukaan lukien johtuu hengellisen maailman oikeudenmukaisista laeista. Jokaisella maalla on omat lakinsa ja samalla tavalla Jumalan kuningaskunnalla on omat Jumalan säätämät lakinsa. Jumala loi maailmankaikkeuden ja Hänellä on Luojana kaikki valta hallita elämää, kuolemaa, kirouksia ja siunauksia. Tästä huolimatta Hän ei ole kuitenkaan yksinvaltias. Tämän tähden Hän myös itse noudattaa näitä lakeja tarkasti siitä huolimatta että Luojana Hän luonut myös nämä lait.

Me noudatamme sen maan lakeja jossa me asumme, ja niin meidän tulee myös noudattaa Jumalan ja Hänen kuningaskuntansa lakeja jos me olemme ottaneet Jeesuksen Kristuksen vastaan Pelastajaksemme ja tulleet Jumalan lapsiksi ja siten myös Hänen kuningaskuntansa kansalaisiksi.

1. Kun. 2:3 sanoo: *"Ja noudata Herran, Jumalasi, määräyksiä, niin että vaellat hänen teitänsä ja noudatat hänen säädöksiänsä, käskyjänsä, oikeuksiansa ja todistuksiansa, niinkuin on kirjoitettuna Mooseksen laissa, että menestyisit kaikessa, mitä teet, ja kaikkialla, minne käännyt."*

Jumalan lain noudattaminen tarkoittaa Hänen Raamattuun kirjatun sanansa noudattamista nämä kymmenen käskyä mukaan lukien. Noudattaessasi näitä lakeja sinä saat osaksesi Jumalan suojelun ja siunauksia, ja sinä saat kukoistaa mihin tahansa sinä sitten menetkin. Saatanalla on oikeus antaa sinulle kiusauksia ja vaikeuksia jos sinä kuitenkin rikot Jumalan lakia eikä Hän voi silloin suojella sinua. Jumalan käskyn rikkominen on syntiä ja niin se on synnin ja Saatanan orjaksi tulemista. Tämä vie sinut lopulta helvettiin.

Jumala tahtoo siunata meitä

Joten pääsyy siihen että Jumala on antanut meille kymmenen käskyä on se että Hän rakastaa meitä ja tahtoo siunata meitä. Hän ei halua meidän kokevan ikuisia siunauksia ainoastaan taivaassa vaan Hän haluaa meidän myös saavan siunauksia tämän maan päällä ja olevan kukoistavia kaikessa mitä me täällä teemme. Ymmärtäessämme tämän Jumalan rakkauden me voimme olla kiitollisia Hänelle siitä että Hän on antanut meille nämä käskyt ja me voimme noudattaa niitä ilolla.

Me tiedämme että lapset tekevät parhaansa ollakseen kuuliaisia vanhemmilleen kun he ymmärtävät kuinka paljon nämä heitä rakastavat. Joskus lapset eivät ole kuuliaisia vanhemmilleen ja he saavat tästä hyvästä rangaistuksen. He kuitenkin ymmärtävät että vanhemmat rankaisevat heitä sen tähden että he rakastavat lastaan ja niin he saattavat juosta vanhempiensa syliin, sanoen "Isä/äiti, minä yritän olla kiltimpi ensi kerralla." Kypsyessään lapset ymmärtävät vanhempiensa rakkautta ja huolenpitoa paremmin ja niin he pystyvät

noudattamaan heidän opetuksiaan tuottakseen heille iloa.
Vanhempien aito rakkaus antaa näille lapsille voiman olla kuuliaisia. Tämä on sama kuin kaikkien Jumalan Raamattuun kirjattujen käskyjen noudattaminen. Ihmiset tekevät parhaansa noudattaakseen näitä käskyjä kun he oppivat kuinka Jumala on rakastanut heitä niin paljon että Hän lähetti ainoan Poikansa, Jeesuksen Kristuksen, tähän maailmaan kuolemaan ristillä meidän puolestamme.

Mitä vankemmin me uskomme että täysin synnitön Jeesus Kristus koki kaikenlaista vainoa kuollessaan ristillä meidän syntiemme puolesta, sitä enemmän me voimme iloita noudattaessamme näitä käskyjä.

Siunaukset joita me saamme kun me noudatamme Hänen käskyjään

Jumalan jokaista sanaa noudattaneet ja tarkasti Hänen käskyjensä mukaan eläneet uskon esi-isät saivat paljon siunauksia ja he kirkastivat Isä Jumalaa koko sydämellään. Tänä päivänä he valaisevat meitä ikuisella totuuden valolla joka ei koskaan sammu.

Aabraham, Daniel ja apostoli Paavali lukeutuvat näiden uskon isien joukkoon. Jopa nykyään on monia uskon ihmisiä jotka jatkavat heidän tavallaan toimimista.

Esimerkiksi Yhdysvaltojen 16. presidentti, Aabraham Lincoln, kävi koulua ainoastaan yhdeksän kuukauden ajan. Monet nykyajan ihmiset kuitenkin rakastavat ja kunnioittavat häntä hänen ylistettävän luonteen ja hänen hyveidensä tähden. Nancy Lincoln, Aabrahamin äiti, menehtyi pojan ollessa vasta yhdeksänvuotias mutta ollessaan vielä elossa hän auttoi Aabrahamia opettelemaan ulkoa lyhyitä Raamatun pätkiä ja noudattamaan Jumalan käskyjä.

Kun Nancy ymmärsi että hän oli kuolemassa hän kutsui poikansa luokseen ja jätti tälle nämä viimeiset sanat: "Minä tahdon sinun rakastavan Jumalaa ja noudattavan Hänen käskyjään." Aabraham Lincoln kypsyi ja hänestä tuli kuuluisa poliitikko joka muutti historian kulkua aloittamalla orjuuden vastaisen liikkeen. Raamatun 66 kirjaa olivat aina hänen vierellään. Jumala näyttää aina todisteita Hänen rakkaudestaan Lincolnin kaltaisille ihmisille jotka pysyttelevät Häntä lähellä ja noudattavat Hänen sanaansa.

Hieman sen jälkeen kun minä olin avannut meidän kirkkomme minä vierailin pariskunnan luona joka oli ollut naimissa usean vuoden ajan pystymättä saamaan lapsia. Pyhän Hengen ohjaamana minä johdin jumalanpalvelusta ja siunasin pariskunnan. Sitte minä esitin pyynnön. Minä pyysin heitä pyhittämään lepopäivän palvomalla Jumalaa joka sunnuntai, maksamaan kymmenykset sekä noudattamaan kymmentä käskyä.

Tuore uskova pariskunta alkoi käydä kirkossa joka sunnuntai

ja he maksoivat kymmenyksiä niinkuin Jumala oli käskenyt. Tämän johdosta heitä siunattiin raskaudella ja he saivat terveen lapsen. Tämän lisäksi he saivat myös runsaita taloudellisia siunauksia. Nyt tämä aviomies palvelee kirkkoa vanhempana ja koko perhe tukee avustus- ja evankelioimistyötä.

Jumalan käskyjen noudattaminen on kuin lampun kantamista täydessä pimeydessä. Meidän ei tarvitse murehtia että me kompastuisimme johonkin pimeässä jos meidän lamppumme on kirkas. Jumala, joka on itse kirkkaus, suojelee meitä kaikissa olosuhteissa ja me voimme nauttia kaikille Jumalan lapsille varatuista siunauksista sekä vallasta kun me olemme Hänen kanssaan.

Avain kaiken pyytämämme saamiseen

1. Joh. 3:21-22 sanoo: *"Rakkaani, jos sydämemme ei syytä meitä, niin meillä on uskallus Jumalaan, ja mitä ikinä anomme, sen me häneltä saamme, koska pidämme hänen käskynsä ja teemme sitä, mikä on hänelle otollista."*

Eikö olekin ihmeellistä tietää, että me voimme pyytää Jumalalta mitä tahansa ja saada tähän vastauksen jos me vain pidämme Raamattuun kirjatut käskyt ja miellytämme Jumalaa teoillamme? Kuinka onnellinen Jumalan täytyykään olla kun Hän huolehtii kuuliaisista lapsistaan palavilla silmillään ja pystyy vastaamaan heidän jokaiseen rukoukseensa hengellisen maailman lakien mukaisesti!

Tämän tähden Jumalan kymmenen käskyä ovat kuin rakkauden oppikirja joka opettaa meille parhaan tavan saada Jumalalta siunauksia ollessamme maan päällä kasvatettavina. Käskyt opettavat meille kuinka välttää katastrofeja ja vastoinkäymisiä sekä kuinka saada siunauksia.

Jumala ei antanut meille käskyjä rangaistakseen niitä jotka eivät noudata niitä, vaan antaakseen meidän nauttia ikuisista siunauksista Hänen kauniissa taivaallisessa kuningaskunnassaan (1. Tim. 2:4). Sinä voit saada lisää Hänen rakkauttaan kun sinä opit tuntemaan ja ymmärtämään Hänen sydäntään ja sinä elät Hänen käskyjensä mukaan.

Sinun pitäisi myös voida saada kaikki haluamasi siunaukset kun sinä tutkit jokaista käskyä tarkasti ja noudatat niitä kaikkia Jumalan rakkaudella sinulle antaman voiman avulla.

Luku 2
Ensimmäinen käsky

—⚜—

"Älä pidä muita jumalia minun rinnallani"

Exodus 20:1-3

Ja Jumala puhui kaikki nämä sanat ja sanoi:

"Minä olen Herra, sinun Jumalasi, joka vein sinut pois Egyptin maasta, orjuuden pesästä. Älä pidä muita jumalia minun rinnallani."

Kaksi toisiaan rakastavaa ihmistä tuntevat iloa ollessaan yhdessä. Tämän tähden kaksi rakastajaa eivät tunne oloaan kylmäksi kun he viettävät aikaa yhdessä keskellä talvea ja tämän tähden he voivat tehdä mitä tahansa toinen heiltä pyytää. Ei ole mitään väliä kuinka hankala tämä tehtävä on kunhan se vain tekee tämän toisen onnelliseksi. Heidän täytyy ehkä uhrata itsensä tämän toisen puolesta ja jos näin on, he tuntevat olonsa vain onnelliseksi sen johdosta että he voivat tehdä jotakin tämän toisen eteen. He myös iloitsevat nähdessään toisen henkilön kasvoilla olevan ilon.

Tämä on samankaltaista kuin meidän rakkautemme Jumalaa kohtaa. Jumalan käskyjen noudattaminen ei ole taakka jos me aidosti rakastamme Häntä vaan päinvastoin se on meille ilon aihe.

Kymmenen käskyä joita Jumalan lasten tulisi noudattaa

Nykyään jotkut itseään uskoviksi kutsuvat sanovat: "Kuinka me voimme noudattaa kaikkia Jumalan käskyjä'" Pohjimmiltaan he sanovat että ihmiset eivät ole täydellisiä ja niin meille ei ole mahdollista noudattaa kaikkia kymmentä käskyä. Me voimme vain yrittää noudattaa kaikkia käskyjä.

Mutta 1. Joh. 5:3 sanoo: *"Sillä rakkaus Jumalaan on se, että pidämme hänen käskynsä. Ja hänen käskynsä eivät ole raskaat.*" Tämä tarkoittaa sitä että meidän kuuliaisuutemme Jumalan käskyille on meidän todistuksemme siitä että me rakastamme Häntä, ja että Hänen käskynsä eivät ole niin raskaita ettemmekö me pystyisi elämään niiden mukaisesti.

Vanhan testamentin aikoina ihmisten täytyi noudattaa käskyjä omien voimiensa ja tahtonsa avulla. Uuden testamentin ajoista eteenpäin kuka tahansa Jeesuksen Kristuksen Pelastajakseen hyväksynyt saa kuitenkin Pyhän Hengen joka auttaa häntä olemaan uskollinen.

Pyhä Henki on yhtä Jumalan kanssa, ja Jumalan sydämenä Pyhän Hengen roolina on auttaa Jumalan lapsia. Tämän tähden Pyhä Henki ajoittain auttaa meitä, lohduttaa meitä, ohjaa meidän tekojamme ja valuttaa Jumalan rakkauden päällemme niin että me voimme taistella syntiä vastaan jopa oman veremme vuodatukseen saakka ja toimia Jumalan tahdon mukaisesti (Ap.t. 9:31; 20:28; Room. 5:5; 8:26).

Saadessamme tämän voiman Pyhältä Hengeltä me voimme ymmärtää syvästi Jumalan rakkauden joka antoi meille Hänen ainoan Poikansa. Niin me voimme noudattaa helposti käskyjä joiden noudattamiseen me emme pysty omin voiminemme. On ihmisiä jotka silti sanovat että Jumalan käskyjen noudattaminen on vaikeaa eivätkä he siten edes yritä elää niiden mukaisesti. He jatkavat syntien keskellä elämistä. Nämä ihmiset eivät rakasta Jumalaa aidosti sydämensä pohjasta.

1. Joh. 1:6 sanoo: *"Jos sanomme, että meillä on yhteys hänen kanssaan, mutta vaellamme pimeydessä, niin me valhettelemme emmekä tee totuutta."* ja 1. Joh. 2:4 sanoo: *"Joka sanoo: 'Minä tunnen hänet', eikä pidä hänen käskyjänsä, se on valhettelija, ja totuus ei ole hänessä."*

Henkilö ei voi tehdä syntiä jos Jumalan sana, joka on itse totuus ja elämän siemen, asuu tässä henkilössä. Hänet johdatetaan elämään totuudessa. Joten on merkki siitä että totuus ei elä henkilössä ja että hän valehtelee Jumalan edessä jos joku väittää uskovansa Jumalaan mutta ei noudata Hänen käskyjään.

Mikä on sitten ensimmäinen käsky jota Jumalan lasten täytyy noudattaa todistaakseen rakkautensa Häntä kohtaan?

"Älä pidä muita jumalia minun rinnallani"

Tässä Herra puhui kymmenen käskyä vastaan ottaneelle Moosekselle, Mooseksen kautta käskyt saaneille israelilaisille sekä kaikille nykyisille Herran nimen kautta pelastuville Jumalan lapsille. Miksi sinä luulet että Jumala kielsi ensimmäisessä käskyssään Hänen kansaansa pitämästä muita jumalia Hänen edellään?

Tämä johtuu siitä että Jumala on ainoa oikea Jumala, ainoa elävä Jumala, kaikkivaltias Luoja. Jumala myös hallitsee kaikkea maailmankaikkeudessa olevaa, ihmiskunnan historiaa sekä elämää ja kuolemaa. Hän myös antaa ihmisille oikean elämän ja ikuisen elämän.

Jumala pelasti meidät tämän maailman syntien orjuudesta. Tämän tähden meidän ei tule pitää muita jumalia sydämessämme kuin ainoan ja oikean Jumalan.

Monet ihmiset kuitenkin loittonevat hölmöyksissään Jumalasta ja viettävät elämänsä palvoen monia vääriä jumalia. Jotkut palvovat Buddhan kuvia vaikka ne eivät voi edes räpäyttää silmiään kun taas jotkut palvovat kiviä tai vanhoja puita. Jotkut jopa kääntävät kasvonsa kohti Pohjoisnapaa ja palvovat sitä.

Jotkut palvovat luonnetta ja he kutsuvat väärien jumalien nimiä palvomalla kuolleita ihmisiä. Jokaisella ihmiskunnan rodulla ja valtiolla on omat väärät jumalansa. Pelkästään Japanissa sanotaan olevan niin monia epäjumalia että he sanovat että siellä on kahdeksan miljoonaa eri jumalaa.

Miksi ihmiset sitten valmistavat näitä vääriä jumalia ja palvovat niitä? He toimivat tällä tavoin siitä syystä että he yrittävät joko löytää tavan lohduttaa itseään tai sitten seuraavat esi-isiensä tapoja jotka sattuvat olemaan väärin. He saattavat kenties myös omata itsekkäitä haluja saada lisää siunauksia tai hyvää onnea palvomalla useita eri jumalia.

Meidän pitää kuitenkin muistaa että meidän Jumalamme, Luojan, lisäksi millään muulla jumalalla ei ole valtaa antaa meille siunauksia saati sitten pelastaa meitä.

Luonto todistaa Luojasta

Roomalaiskirje 1:20 sanoo: *"Sillä hänen näkymätön olemuksensa, hänen iankaikkinen voimansa ja jumalallisuutensa, ovat, kun niitä hänen teoissansa tarkataan, maailman luomisesta asti nähtävinä, niin etteivät he voi millään itseänsä puolustaa."* Me näemme että kaiken Luojan täytyy olla olemassa ja että on olemassa vain yksi Luoja kun me katsomme maailmankaikkeuden periaatteita.

Me voimme esimerkiksi nähdä että kaikkien tämän maapallon ihmisrotujen ruumiinrakenne ja toiminnot ovat samanlaisia. Ei ole väliä onko ihminen musta vai valkoinen, mikä hänen rotunsa on tai mistä maasta hän on kotoisin. Kaikilla ihmisillä on kaksi silmää, kaksi korvaa, yksi nenä ja yksi suu samalla kohtaa päätä. Näin on myös eräiden eläinten osalla.

Elefanteilla on pitkä nenä. Mutta huomaa että heillä on vain yksi nenä ja kaksi sierainta. Pitkäkorvaiset jänikset ja uljaat leijonat omaavat saman määrän silmiä, suita ja korvia suunnilleen samassa paikassa kuin missä ihmisten vastaavat ovat. Lukuisilla elävillä organismeilla on samanlaatuinen ruumiinrakenne ja samanlaisia ruumiintoimintoja. Tämä pätee niin eläimiin, kaloihin, lintuihin ja jopa hyönteisiin, jos me emme ota huomioon heidät toisistaan erottavia ruumiin piirteitä. Tämä todistaa että luojia on vain yksi.

Myös luonnonilmiöt todistavat selvästi Jumalasta Luojana. Kerran päivässä maa kiertää akselinsa ympäri ja kerran vuodessa se tekee täyden kierroksen maapallon ympäri. Myös kuu kiertyy akselinsa ympäri ja maapallon ympäri kerran kuukaudessa. Näiden kierrosten ja kiertämisten tähden me koemme luonnonilmiöitä säännöllisesti. Meillä on yö ja päivä sekä neljä eri vuodenaikaa. Meillä on nousu- ja laskuvesi, ja lämpötilan eroavaisuuksien ansiosta me saamme kokea myös tuulta.

Maapallon sijainti ja liikerata tekee siitä täydellisen ympäristön ihmiskunnan ja muiden elävien organismien selviämiselle. Maan ja auringon välillä oleva etäisyys ei voisi olla yhtään lyhyempi tai pidempi. Auringon ja maan välinen etäisyys on aina ollut täydellinen aikojen alusta lähtien ja tämä maan kiertoliike ja sen liikerata auringon ympäri on jotakin mikä on ollut olemassa hyvin kauan aikaa ilman pienintäkään poikkeavuutta.

Tämä maailmankaikkeus luotiin ja sitä hallitaan Jumalan viisaudella, ja niin monet käsittämättömän ihmeelliset asiat mitä me emme voi koskaan täysin ymmärtää tapahtuvat joka päivä.

Näiden selvien todisteiden tähden kukaan ei voi sanoa tekosyykseen viimeisenä päivänä että: "Minä en voinut uskoa sillä minä en tiennyt että Jumala on todella olemassa."

Eräs päivä Sir Isaac Newton pyysi kokenutta mekaanikkoa rakentamaan yksityiskohtaisen mallikappaleen aurinkokunnasta. Hänen ateistiystävänsä tuli käymään hänen luonaan eräänä päivänä ja pani tämän mallin merkille. Asiaa ajattelematta hän käänsi vipua ja ihmeellinen asia tapahtui. Jokainen mallin planeetta alkoi kiertää aurinkoa eri nopeudella.

Tämä ystävä ei voinut salata hämmästystään ja sanoi yllättyneenä: "Tämä on todella loistava malli! Kuka tämän teki?" Mitä sinä luulet että Newton sanoi tähän? Hän sanoi: "Kukaan ei tehnyt sitä. Siitä tuli tällainen sattumalta."

Ystävä luuli että Newton pilaili hänen kustannuksellaan, ja sanoi: "Mitä?! Luuletko sinä että minä olen typerä? Kuinka ihmeessä tämänkaltainen yksityiskohtainen malli voisi ilmestyä itsestään?"

Newton vastasi tähän seuraavast: "Tämä on pieni aurinkokunnan malli. Sinä väität että edes tämänkaltaista pientä mallikappaletta ei voida rakentaa ilman suunnittelijaa tai rakentaa. Kuinka sinä sitten voit sanoa että aurinkokunta, joka on paljon monimutkaisempi ja laajempi, on syntynyt ilman luojaa?"

Näin Newton kirjoitti kirjaansa *The Philosophiæ Naturalis Principia Mathematica*, eli "Luonnonfilosofian matemaattiset periaatteet", joka usein lyhennetään vain Principiaksi. Hän sanoi: "Tämä kaunein auringon, planeettojen ja komeettojen systeemi on voinut syntyä vain älykkään ja voimallisen Luojan teoista... Hän [Jumala] on ikuinen ja ääreton."

Tämän tähden suurin osa luonnonlakeja nykyään opiskelevista on kristittyjä. Mitä enemmän luontoa ja maailmankaikkeutta he opiskelevat, sitä enemmän kaikkivaltiaan Jumalan voimista he oppivat.

Jumala myös näyttää meille paljon todisteita jotta me voisimme uskoa Häneen, elävään Jumalaan, näyttämällä merkkejä ja ihmeitä uskoville Hänen rakastamiensa ja tunnustamisensa palvelijoiden ja työntekijöiden kautta sekä Raamatun profetiat täyttäneen ihmiskunnan historian avulla.

Ihmiset jotka tunnustavat Luojan kuulematta evankeliumia

Ihmiskunnan historiassa on paljon hyvän sydämen omanneita ihmisiä jotka eivät koskaan kuulleet evankeliumia mutta silti tunnustivat ainoan Luojan ja yrittivät elää vanhurskaasti.

Epäpuhtaan tai hämmentyneen sydämen omanneet ihmiset palvoivat useita erilaisia jumalia yrittäen lohduttaa itseään. Puhtaan ja nuhteettoman sydämen omanneet ihmiset kuitenkin palvoivat ja palvelivat vain Jumalaa, Luojaa, vaikka he eivät tunteneetkaan Häntä.

Esimerkiksi amiraali Soonshin Yi, joka eli Koreassa Chisun-dynastian aikana, palveli maataan, kuningastaan ja kansaansa koko elämänsä ajan. Hän kunnioitti vanhempiaan eikä hän koko elämänsä aikana yrittänyt ajaa omaa etuaan vaan omisti itsensä muiden palvelemiseksi. Hän ei tiennyt Jumalasta tai Herra Jeesuksesta mutta tästä huolimatta hän ei palvonut shamaaneja, demoneita tai pahoja henkiä. Hyvän omatuntonsa avulla hän vain katsoi odottavasti kohti taivasta ja uskoi yhteen Luojaan.

Nämä hyvät ihmiset eivät koskaan oppineen Jumalan sanaa mutta me näemme että he yrittivät aina silti elää puhdasta ja uskollista elämää. Jumala avasi oven tämänkaltaisille ihmisille jotta he voisivat pelastua niin sanotun "Omatunnon pelastuksen" kautta. Tämä on Jumalan tapa antaa pelastus Vanhan testamentin ihmisille tai niille jotka syntyivät Jeesuksen Kristuksen jälkeen mutta eivät koskaan saaneet tilaisuutta kuulla evankeliumia.

Roomalaiskirje 2:14-15 kuuluu seuraavsati: *"Sillä kun pakanat, joilla ei lakia ole, luonnostansa tekevät, mitä laki vaatii, niin he, vaikka heillä ei lakia ole, ovat itse itsellensä laki ja osoittavat, että lain teot ovat kirjoitetut heidän sydämiinsä, kun heidän omatuntonsa myötä -todistaa ja heidän ajatuksensa keskenään syyttävät tai myös puolustavat heitä."*

Hyvän omatunnon omaavat ihmiset saavat Herran

sydämeensä hyvin helposti kuullessaan evankeliumia. Jumala sallii näiden sielujen viipyä väliaikaisesti 'Ylemmässä haudassa' jotta he voisivat päästä taivaaseen.

Kun henkilön elämä päättyy hänen henkensä jättää hänen fyysisen kehonsa. Henki viipyy väliaikaisesti "Hauta"-nimisessä paikassa. Hauta on väliaikainen paikka jossa hän oppii sopeutumaan hengelliseen maailmaan ennen kuin hän jatkaa ikuiseen paikkaan. Tämä paikka on jaettu "Ylempään hautaan", missä pelastuneet ihmiset odottavat, sekä "Alempaan hautaan" jossa pelastumatta jääneet sielut odottavat piinaansa (Genesis 37:35; Job 16:33; Luukas 16).

Ap. t. 4:12 kuitenkin sanoo: *"Eikä ole pelastusta yhdessäkään toisessa; sillä ei ole taivaan alla muuta nimeä ihmisille annettu, jossa meidän pitäisi pelastuman."* Joten Jeesus meni Ylempään hautaan jakaakseen evankeliumin siellä olevien sielujen kautta jotta hekin saisivat tilaisuuden kuulla sitä.

Raamattu tukee tätä. 1. Piet. 3:18-19 sanoo: *"Sillä myös Kristus kärsi kerran kuoleman syntien tähden, vanhurskas vääräin puolesta, johdattaaksensa meidät Jumalan tykö; hän, joka tosin kuoletettiin lihassa, mutta tehtiin eläväksi hengessä, jossa hän myös meni pois ja saarnasi vankeudessa oleville hengille."* Nämä Ylemmässä haudassa olevat "hyvät" sielut tunnustivat Jeesuksen, saivat evankeliumin ja tulivat pelastuneeksi.

Joten oikeudenmukaisuuden Jumala avaa pelastuksen oven tutkittuaan sellaisten sielujen sydämen jotka ovat eläneet hyvän omatuntonsa mukaisesti ja uskoneet yhteen Luojaan, ovat he sitten eläneet Vanhan testamentin aikoina tai sitten jääneet paitsi evankeliumin tai lain kuulemisesta.

Miksi Jumala kielsi kansaansa koskaan asettamasta muita jumalia Hänen edelleen

Aina silloin tällöin ei-uskovat sanovat: "Kristityt vaativat että ihmiset uskovat yhteen ainoaan Jumalaan. Eikö tämä tee uskonnosta liian jäykän ja vaativan?"

On myös ihmisiä jotka kutsuvat itseään uskoviksi mutta silti luottavat ennustamiseen, noituuteen, onnenkaluihin ja talismaaneihin.

Jumala sanoi meille erikseen että meidän ei pidä tehdä tällä alueella kompromisseja. Hän sanoi: "Älkää pitäkö muita jumalia minun rinnallani." Tämä tarkoittaa sitä että meidän ei pidä koskaan sekaantua vääriin jumaliin ja palvoa niitä tai mitään muuta Jumalan luomaa. Meidän ei myöskään tule pitää niitä millään tavalla yhdenvertaisena Jumalan kanssa.

On vain yksi Luoja. Hän on luonut meidät ja vain Hän voi siunata meitä ja antaa meille elämän. Ihmisten palvomat epäjumalat ja väärät jumalat ovat kaikki lähtöisin paholaisesta ja ne seisovat Jumalan tiellä.

Paholais-vihollinen yrittää hämmentää ihmisiä harhautumaan Jumalan luota. Palvomalla vääriä asioita ja Saatanaa he kulkevat kohti omaa tuhoaan.

Tämän tähden ihmiset jotka väittävät uskovansa Jumalaan mutta silti palvovat vääriä jumalia sydämessään ovat yhä paholaisvihollisen vallan alla. Tästä syystä he jatkavat kivun ja surun kokemista ja he kärsivät sairauksistta, taudeista ja vaikeuksista.

Jumala on itse rakkaus eikä Hän halua kansansa palvovan epäjumalia ja kulkevan kohti ikuista kuolemaa. Tämän tähden Hän käski että meidän ei tule pitää muita jumalia Hänen rinnallaan. Palvomalla yksistään Häntä me voimme saada Häneltä ikuisen elämän ja runsaasti siunauksia eläessämme tämän maan päällä.

Meidän tulee saada siunauksia luottamalla pelkästään Jumalaan

1. Aikakirja 16:26 sanoo näin: *"Sillä kaikki kansojen jumalat ovat epäjumalia, mutta Herra on tehnyt taivaat."* Epävarmat ihmiset ja jopa jotkut uskovat saattavat tietämättään päätyä palvomaan epäjumalia ja kulkemaan kohti ikuista kuolemaa jos Jumala ei olisi koskaan kieltänyt meitä palvomasta muita jumalia.

Pelkästään Israelin historian tarkastelu kertoo meille tämän. Kaikista kansoista juuri israelilaiset oppivat maailmankaikkeuden Luojasta ja he kokivat Jumalan voiman tekoja lukemattomia kertoja. Ajan mittaan he harhaantuivat Jumalasta ja alkoivat palvoa muita jumalia ja idoleita. Pakanoiden jumalat näyttivät heidän mielestään hyviltä ja niin he alkoivat palvoa näitä jumalia oikean Jumalan rinnalla. Tämän johdosta he kokivat kaikenlaisia kiusauksia, vaikeuksia ja vitsauksia joita paholais-vihollinen ja Saatana heittivät heidän päälleen. He katuivat ja kääntyivät takaisin Jumalan puoleen vasta sitten kun he eivät enää sietäneet näitä kipuja ja vaikeuksia.

Jumala, joka on itse rakkaus, antoi heille anteeksi yhä uudelleen ja pelasti heidät vaikeuksistaan sen tähden että Hän ei halunnut heidän kärsivän epäjumalanpalvonnasta johtuvasta ikuisesta kuolemasta.

Jumala esittää jatkuvasti todisteita siitä että Hän on Luoja, elävä Jumala, jotta me voisimme palvoa vain ja ainoastaan Häntä. Hän pelasti meidät synnistä ainoan Poikansa Jeesuksen Kristuksen kautta ja lupasi meille ikuisen elämän ja toivon elää ikuisesti taivaassa.

Jumala auttaa meitä tietämään ja uskomaan että Hän on elävä Jumala näyttämällä merkkejä ja ihmeitä Hänen kansansa, Raamatun 66 kirjan ja ihmiskunnan historian kautta.

Tämän johdosta meidän tulee palvoa Jumalaa, maailmankaikkeuden Luojaa, joka hallitsee kaikkea siinä olevaa. Hänen lapsinaan meidän tulee kantaa runsasta hedelmää luottamalla ainoastaan Häneen.

Luku 3
Toinen käsky

"Älä tee itsellesi jumalan kuvaa ja palvele sitä"

Exodus 20:4-6

"Älä tee itsellesi jumalankuvaa äläkä mitään kuvaa, älä niistä, jotka ovat ylhäällä taivaassa, älä niistä, jotka ovat alhaalla maan päällä, äläkä niistä, jotka ovat vesissä maan alla. Älä kumarra niitä äläkä palvele niitä. Sillä minä, Herra, sinun Jumalasi, olen kiivas Jumala, joka kostan isien pahat teot lapsille kolmanteen ja neljänteen polveen, niille, jotka minua vihaavat; mutta teen laupeuden tuhansille, jotka minua rakastavat ja pitävät minun käskyni."

"Herra kuoli puolestani ristillä. Kuinka minä voisin kieltää Herran kuoleman pelon tähden? Minä kuolisin mielummin kymmenen kertaa Herran puolesta kun pettäisin Hänet ja eläisin sata tai jopa tuhat merkityksetöntä vuotta. Minulla on vain sitoumus. Auttakaa minua voittamaan kuoleman voima niin että minä en häpäise Herraani säästämällä oman henkeni."

Näin tunnusti pastori Ki-Chol Chu, joka kuoli marttyyrin kuoleman kieltäydyttyään kumartamasta japanilaisen pyhätön edessä. Hän tarinansa löytyy kirjasta *More Than Conquerors: The Story of the Martyrdom of Reverend Ki-Chol Chu.* Vapisematta pelosta miekkojen ja aseiden edessä pastori Ki-Chol Chu antoi elämänsä noudattaakseen Jumalan käskyä olla kumartamatta muiden jumalien edessä.

"Älä tee itsellesi jumalankuvaa ja palvele sitä"

Kristittyinä meidän velvollisuutemme on rakastaa ja palvoa vain ja ainoastaan Jumalaa. Tämän tähden Jumala antoi meille ensimmäisen käskyn. "Älä pidä muita jumalia rinnallani." Kieltääkseen täysin epäjumalien palvonnan Hän antoi meille toisen käskyn. "Älä tee itsellesi jumalankuvaa ja palvele sitä."

Aluksi voi näyttää siltä kuin ensimmäinen ja toinen käsky olisivat yksi ja sama asia. Ne on kuitenkin erotettu omiksi käskyikseen sillä niiden hengelliset merkitykset eroavat toisistaan. Ensimmäinen käsky varoittaa polyteismista ja käskee meitä palvomaan ja rakastamaan ainoastaan yhtä ja oikeaa Jumalaa.

Toinen käsky on opetus epäjumalanpalvontaa vastaan. Se on myös selvitys niistä siunauksista jotka sinä saat kun sinä palvot ja rakastat Jumalaa. Tarkistelkaamme seuraavaksi mitä sana 'jumalankuva' tarkoittaa.

'Jumalankuvan' fyysinen määritelmä

Sana 'jumalankuva' voidaan selittää kahdella eri tavalla. Se voi olla joko fyysinen tai hengellinen jumala. Fyysisessä mielessä 'jumalankuva' on "palvottava kuva tai esine joka on luotu esittämään jumalaa jolla ei ole fyysistä muotoa."

Toisin sanoen, jumalankuva voi ottaa minkä muodon tahansa. Se voi olla puu, kivi tai henkilöä nisäkästä, hyönteistä, lintua, merenelävää, aurinkoa, kuuta, taivaan tähtiä tai ihmismielen mielikuvituksen luomaa asiaa esittävä kuva. Se on voi olla valmistettu teräksestä, hopeasta, kullasta tai mistä muusta materiaalista tahansa mihin ihmiset voivat kohdistaa palvontansa.

Ihmisen luoma jumalankuva ei voi kuitenkaan olla elävä eikä se siten voi vastata sinulle tai antaa sinulle siunauksia. Kuinka hölmöä ja hassua onkaan että Jumalan kuvaksi luodut ihmiset luovat omin käsin toisen esineen ja palvovat sitä siunaksia pyytäen?

Jesaja 46:6-7 sanoo: *"He kaatavat kultaa kukkarosta ja punnitsevat hopeata vaa'alla; he palkkaavat kultasepän, ja hän tekee siitä jumalan, jonka eteen he lankeavat maahan ja jota he kumartavat. He nostavat sen olallensa, kantavat ja asettavat sen paikoilleen, ja se seisoo eikä liikahda paikaltansa. Sitä huudetaan avuksi, mutta se ei vastaa, hädästä se ei pelasta."*
Raamattu puhuu jumalankuvien luomisen ja niiden palvomisen lisäksi myös pahan onnen vastaisista onnenkaluista, uhririittien antamisesta ja kuolleille kumartamisesta. Myös taikausko ja noituuden harjoittaminen kuuluu tähän kategoriaan. Ihmiset luulevat että onnenkalut estävät vaikeuksia ja tuovat hyvää onnea mutta näin ei kuitenkaan ole. Hengellisesti alttiit ihmiset voivat nähdä kuinka sellaiset paikat missä on onnenkaluja ja jumalankuvia vetävät puoleensa pimeitä ja pahoja henkiä. Lopulta tämä aiheuttaa niitä omaaville ihmisille koettelemuksia ja vaikeuksia. Elävän Jumalan lisäksi ei ole mitään muita jumalia jotka voisivat tuoda ihmisille siunauksia. Muut jumalat ovat itse asiassa kirousten ja vaikeuksien lähde.

Miksi ihmiset sitten luovat ja palvovat jumalankuvia? Tämä johtuu siitä että ihmisillä on tapana haluta tyydyttää itsensä asioilla joita he voivat nähdä, tuntea ja koskea fyysisesti.

Tämä ihmisten taipumus näkyy Egyptistä lähteneissä

israelilaisissa. He huusivat Jumalaa 400 orjuuden vuoden aiheuttamien kipujen ja vaivojen tähden ja Jumala nimitti Mooseksen heidän exoduksensa johtoon. Hän myös näytti heille kaikenlaisia merkkejä ja ihmeitä jotta he voisivat omata uskoa Häneen.

Faarao ei päästänyt israelilaisia pois ja niin Jumala lähetti Egyptiin kymmenen vitsausta. Jumala halkaisi Punaisen meren kahtia kun se tukki israelilaisten polun. Mooses nousi vuorelle 40 päivän ajaksi noutaakseen kymmenen käskyä, ja vaikka israelilaiset olivat kokeneet kaikki nämä ihmeet he silti muuttuivat kärsimättömiksi ja loivat epäjumalan sitä palvoakseen. Jumalan palvelija Mooses ei ollut heidän näkyvissään ja niin he tahtoivat luoda jotakin minkä he pystyisivät näkemään ja mitä he pystyisivät palvomaan. He valoivat kultaisen vasikan ja kutsuivat sitä jumalaksi joka oli johdattanut heitä siihen pisteeseen saakka. He jopa antoivat sille uhreja ja joivat, söivät ja tanssivat sen edessä. Tämä välikohtaus sai israelilaiset saamaan osansa Jumalan suuresta vihasta.

Jumala on henki, ja tämän tähden ihmiset eivät voi nähdä häntä fyysisillä silmillään tai luoda kuvaa mikä muistuttaisi Häntä. Tämän tähden meidän ei pidä koskaan luoda jumalankuvia ja kutsua niitä "jumalaksi." Meidän ei pidä myöskään koskaan palvoa niitä.

5. Moos. 4:23 sanoo: *"Niin varokaa, ettette unhota*

Herran, teidän Jumalanne, liittoa, jonka hän on tehnyt teidän kanssanne, ettekä tee itsellenne jumalankuvaa, mitään sen muotoista kuvaa, jota Herra, sinun Jumalasi, on kieltänyt sinua tekemästä." Elottoman ja voimattoman jumalankuvan palvominen Jumalan, oikean Luojan, sijaan aiheuttaa ihmisille enemmän vahinkoa kuin hyötyä.

Esimerkkejä jumalankuvien palvonnasta

Jotkut uskovat saattavat langeta jumalankuvien ansaan itse sitä edes huomaamatta. Ihmiset voivat esimerkiksi kumartaa Jeesuksen kuvaa, Neitsyt Marian patsasta tai jonkun muun uskon esi-isän kuvaa.

Suuri määrä ihmisiä ei pidä tätä epäjumalanpalvontana mutta se on kuitenkin jumalankuvan palvonnan muoto josta Jumala ei pidä. Tässä on hyvä esimerkki. Monet kutsuvat Neitsyt Mariaa "Pyhäksi Mariaksi." Raamatun tutkiminen kuitenkin osoittaa selvästi että tämä ei ole oikein.

Jeesus sikisi Pyhästä Hengestä, ei miehen siittiöstä ja naisen munasolusta. Näin me emme siis voi kutsua Neitsyt Mariaa "äidiksi." Nykyajan teknologia mahdollistaa sen että miehen siittiö ja naisen munasolu voidaan laittaa edistyneeseen koneeseen joka toteuttaa keinotekoisen hedelmöityksen. Tämä ei kuitenkaan tarkoita sitä että me voimme kutsua tätä konetta tämän prosessin kautta syntyneen lapsen "äidiksi."

Jeesus oli luonteeltaan Isä Jumalan kaltainen ja Hän sikisi Pyhästä Hengestä ja syntyi Neitsyt Marian kehon kautta voidakseen saapua tähän maailmaan fyysisessä muodossa. Tämän tähden Jeesus kutsuu Neitsyt Mariaa "vaimoksi", ei "äidiksi" (Joh. 2:4; 19:26). Kun Mariaa kutsutaan Raamatussa "äidiksi", se tapahtuu ainoastaan sen tähden että kohta on kirjoitettu Raamatun kirjanneiden opetuslasten näkökulmasta.

Juuri ennen kuolemaansa Jeesus sanoi Johannekselle: "Katso, äitisi!" viitaten Mariaan. Tässä Jeesus pyysi Johannesta pitämään huolta Mariasta kuin hän olisi tämän oma äiti (Joh. 19:27). Jeesus esitti tämän pyynnön sillä Hän yritti lohduttaa Mariaa. Hän ymmärsi Marian sydämessä olevan surun sillä tämä oli palvellut Häntä aina siitä lähtien kun Hän oli saanut Pyhän Hengen siihen saakka kun Hän Jumalan voimasta saavutti täyden kypsyyden ja tuli hänestä itsenäiseksi.

Muutama vuosi sitten minä vierailin eräässä Lähi-Idän maassa. Eräs paikallinen korkea-arvoinen henkilö kutsui minut luokseen ja keskustelumme aikana hän näytti minulle erään mielenkiintoiselta näyttävän maton. Se oli hinnaltaan mittaamaton matto jonka tekemiseen oli mennyt vuosia. Siinä oli mustan Jeesuksen kuva. Tämä esimerkki näyttää meille että Jeesuksen kuva on muuttuvainen ja se miltä se näyttää riippuu siitä kuka sen tehnyt taiteilija tai veistäjä on. Me siis tekisimme jumalankuvan palvomisen syntiä jos me kumartaisimme tätä kuvaa, ja tämä ei olisi hyväksyttävää.

Mitä pidetään "jumalankuvana" ja mitä se ei ole

Aina silloin tällöin löytyy ylivarovaisia yksilöitä jotka väittävät että kirkoista löytyvä risti on eräänlainen jumalankuva. Risti ei kuitenkaan ole jumalankuva. Se on symboli evankeliumista johon me kristityt uskomme. Uskovat katsovat ristiin muistaakseen ihmiskunnan syntien tähden vuodatetun Jeesuksen pyhän veren sekä evankeliumin meille antaneen Jumalan armon. Risti ei voi olla palvonnan kohde eikä jumalankuva.

Tämä sama koskeen maalauksia joissa Jeesus pitää karitsaa, Viimeista ateriaa, tai mitä tahansa muuta veistosta jossa taiteilija on vain halunnut ilmaista jotakin ajatusta.

Maalaus jossa Jeesus pitää karitsaa näyttää että Hän on hyvä paimen. Taiteilija ei luonut tätä maalausta jotta siitä voisi tulla palvonnan kohde. Siitä kuitenkin tulee jumalankuva jos joku palvoo tai kumartaa sitä.

Joissakin tapauksissa ihmiset sanovat, että: "Mooses teki jumalankuvan Vanhan testamentin aikoina." He viittaavat siihen kuinka israelilaiset valittivat niin paljon Jumalasta että lopulta he joutuivat myrkkykäärmeiden puremaksi aavikolla. Monet olivat kuoleman kielissä tultuaan käärmeiden puremaksi ja tällöin

Mooses teki pronssisen käärmen ja asetti sen sauvan päähän. Jumalan sanaa noudattavat ja käärmettä katsovat elivät kun taas ne jotka eivät katsoneet siihen kuolivat.

Jumala ei kehottanut Moosesta tekemään pronssista käärmettä sen tähden että ihmiset voisivat palvoa sitä. Hän tahtoi näyttää ihmisille kuinka eräänä päivänä Jeesus Kristus saapuisi vapauttamaan heidät hengellisen lain mukaisesta kirouksesta jonka alla he olivat.

Jumalaa tottelevat ihmiset katsoivat tähän pronssikäärmeeseen eivätkä he siten kuolleet syntiensä tähden. Samalla tavalla sielut jotka uskovat että Jeesus Kristus kuoli ristillä meidän syntiemme puolesta ja ottavat Hänet Pelastajakseen ja Herrakseen eivät tule kuolemaan syntiensä tähden vaan saamaan osakseen ikuisen elämän.

2. Kun. 18:4 sanoo että Hesekiel, Juudan 16. kuningas, tuhosi kaikki Israelin jumalankuvat ja että tehdessään näin hän *"löi palasiksi vaskikäärmeen, jonka Mooses oli tehnyt; sillä niihin aikoihin asti israelilaiset olivat polttaneet uhreja sille; sitä kutsuttiin nimellä Nehustan."* Tämä muistuttaa ihmisiä siitä että vaikka pronssinen käärme oli valmistettu Jumalan käskystä, siitä ei olisi koskaan pitänyt tulla palvonnan kohde. Tämä ei ollut missään vaiheessa Jumalan tarkoitus.

"Jumalankuvan" hengellinen merkitys

Sen lisäksi että me ymmärrämme mitä "jumalankuva" tarkoittaa fyysisessä mielessä meidän tulee myös ymmärtää sen hengellinen merkitys. "Epäjumalien palvonnan" hengellinen merkitys on "minkä tahansa rakastaminen Jumalaa enemmän." Epäjumalien palvominen ei rajoitu ainoastaan Buddhan kuvan eteen polvistumiseen tai kuolleiden esi-isien edessä kumartamiseen.

Hengellisessä mielessä me muutamme perheenjäsenemme "epäjumaliksi" jos me itsekkäistä syistä rakastamme vanhempiamme, miestämme, vaimoamme tai jopa lapsiamme Jumalaa enemmän. Me teemme itsestämme epäjumalan jos me pidämme itseämme suuressa arvossa ja rakastamme itseämme.

Tämä ei tietenkään tarkoita sitä että meidän pitäisi rakastaa pelkästään Jumalaa eikä mitään muuta. Jumala esimerkiksi sanoo lapsilleen että on heidän velvollisuutensa rakastaa vanhempiaan totuudessa. Hän myös käskee heitä kunnioittamaan isäänsä ja äitiänsä. Jos vanhempiemme rakastaminen kuitenkin saa meidät pisteeseen missä me alamme harhaantumaan totuudesta tällöin me rakastamme vanhempiamme Jumalaa enemmän ja niin me olemme muuttaneet heidän "epäjumaliksi."

Meidän vanhempamme ovat synnyttäneet meidän fyysisen kehomme mutta Jumala on kuitenkin meidän henkemme Isä, sillä Hän on luonut siittiöt ja munasolut, elämän siemenet.

Kuvittele, että ei-kristityt vanhemmat paheksuisivat sitä että heidän lapsensa käy sunnuntaisin kirkossa. Tämä heidän lapsensa rakastaa vanhempiaan Jumalaa enemmän jos hän ei mene kirkkoon sen tähden että hän haluaa miellyttää vanhempiaan. Tämä tuottaa Jumalan sydämeen surua ja tarkoittaa sitä että lapsi ei todella rakasta vanhempiaan.

Jos sinä todellakin rakastat jotakin ihmistä sinä haluat että hän pelastuu ja saa ikuisen elämän. Tämä on todellista rakkautta. Ensinnäkin meidän tulee pyhittää lepopäivä ja tämän lisäksi sinun tulee rukoilla vanhempiesi puolesta ja jakaa evankeliumi heidän kanssaan mahdollisimman nopeasti. Vasta sitten sinä voit sanoa todella rakastavasi ja kunnioittavasi heitä.

Tämä pätee myös toisin päin. Vanhempana sinun tulisi rakastaa Jumalaa ensin jos sinä todella välität lapsistasi. Tämän jälkeen sinun tulisi rakastaa lapsiasi Jumalan rakkaudella. Sinä et voi suojella lapsiasi Saatanalta ja paholais-viholliselta omin voiminesi rakastit sinä heitä sitten kuinka paljon tahansa. Sinä et myöskään voi suojella heitä yllättäviltä onnettomuuksilta tai parantaa heitä sairauksista joita nykylääketiede ei tunne.

Jumala kuitenkin suojelee vanhempien lapsia kun nämä palvelevat Jumalaa ja uskovat lapsensa Jumalan käsiin ja rakastavat heitä Jumalan rakkaudella. Hän antaa heille sekä hengellistä että fyysistä rakkautta ja siunaa heitä niin että he kukoistavat kaikilla elämänsä osa-alueilla.

Sama koskee aviovaimon ja miehen välistä suhdetta. Pariskunta joka ei tunne Jumalan aitoa rakkautta voi rakastaa toisiaan vain lihallisella rakkaudella. Ajoittain he vain ajavat omia etujaan ja niin sitten riitelevät keskenään. Ajan mittaan heidän rakkautensa toisiaan kohtaan voi myös jopa muuttua. Pariskunta joka rakastaa toisiaan Jumalan rakkaudella voi kuitenkin rakastaa toisiaan myös hengellisellä rakkaudella. Tässä tapauksessa pariskunta ei suututa tai loukkaa toisiaan eivätkä he yritä tyydyttää omia itsekkäitä halujaan. Tämän sijaan he jakavat muuttumattoman, aidon ja kauniin rakkauden keskenään.

Jonkin rakastaminen Jumalaa enemmän

Me voimme rakastaa toisia todellisella rakkaudella vasta sitten kun me olemme itse Jumalan rakkauden ja ensisijaisesti Isä Jumalan rakkauden ympäröimänä. Tämän tähden Jumala sanoo meille "Rakasta Jumalaa ensin" ja "Älä aseta muita jumalia minun rinnalleni." Sinä olet kuitenkin ymmärtänyt Hänen käskynsä hengellisen tulkitsemisen väärin jos sinä tämän kuultuasi sanot: "Minä menin kirkkoon ja siellä minua käskettiin rakastamaan vain Jumalaa, ei perheenjäseniäni."

Hengellisessä mielessä henkilö tekee itsestään epäjumalan jos hän uskoo Jumalaan mutta rikkoo Hänen käskyään tai tekee maailman kanssa kompromissin saadakseen itselleen enemmän materiaalista vaurautta, mainetta, tietoutta tai voimaa harhaantuen näin totuudessa kulkemisesta.

On myös ihmisiä jotka eivät pyhitä lepopäivää tai anna täysiä kymmenyksiä sen tähden että he rakastavat vaurautta Jumalaa enemmän siitä huolimatta että Jumala lupaa siunata kaikkia kymmenyksiä antavia.

Usein teini-ikäiset laittavat huoneensa seinillä heidän suosikkinäyttelijöidensä, -laulajiensa, -urheiljoidensa- tai – muusikkojen kuvia. He saattavat jopa käyttää heidän kuviaan kirjanmerkkeinä tai sitten kantavat heidän kuviaan liiveissään tai taskuissan pitääkseen suosikkitähtensä aina lähellä sydäntään. On hetkiä jolloin nämä teini-ikäiset rakastavat näitä ihmisiä Jumalaa enemmän.

Siinä ei ole tietenkään mitään vikaa jos me rakastamme ja kunnioitamme näyttelijöitä, urheilijoita ja muita ihmisiä jotka ovat erittäin hyviä siinä mitä he tekevät. Jumala ei ole kuitenkaan mielissään jos me rakastamme ja välitämme maailmallisista asioista niin paljon että me loitonnamme itsemme Jumalasta. Tämän lisäksi tiettyjä leluja tai tietokonepelejä rakastavat nuoret lapset voivat myös päätyä pitämään näitä leluja "epäjumalina."

Jumala on kiivas rakkaudestamme

Jumala kielsi meitä ankarasti palvomasta jumalankuvia. Tämän jälkeen Hän kertoo meille niistä siunauksista joita Hänelle uskolliset ihmiset saavat sekä niistä rangaistuksista jotka kohtaavat Häntä vastaan niskoittelevia.

"Älä kumarra niitä äläkä palvele niitä. Sillä minä, Herra, sinun Jumalasi, olen kiivas Jumala, joka kostan isien pahat teot lapsille kolmanteen ja neljänteen polveen, niille, jotka minua vihaavat; mutta teen laupeuden tuhansille, jotka minua rakastavat ja pitävät minun käskyni" (Exodus 20:5-6).

Jakeessa viisi Jumala sanoo olevansa "kiivas Jumala." Tämä ei kuitenkaan tarkoita että hän olisi samalla tavalla mustasukkainen kuin ihmiset. Kiivaus tai mustasukkaisuus ei ole osa Jumalan luonnetta. Jumala käyttää sanaa "kiivas" jotta me voisimme ymmärtää asiaa helpommin omin ihmistunteidemme avulla. Ihmisten tuntema kiivaus on lihallista, epäpuhdasta ja haitallista siihen sekaantuneille ihmisille.

Miehen rakkaus vaimoaan kohtaan voi esimerkiksi muuttua rakkaudeksi toista naista kohtaan. Tällöin tämä vaimo voi tulla mustasukkaiseksi toisesta naisesta ja tämä yhtäkkinen muutos voi olla pelottava näky. Vaimo täyttyy vihalla ja kiukulla. Hän riitelee miehensä kanssa ja puhuu tämän vioista kaikkien tuttaviensa kanssa häpäisten näin aviomiehensä. Joskus tämä vaimo voi jopa mennä toisen naisen luo ja tapella hänen kanssaan tai sitten haastaa miehensä oikeuteen. Tämänkaltaisissa tapauksissa vaimo voi toivoa mustasukkaisuudessaan että jotakin pahaa tapahtuisi hänen aviomiehelleen. Tällöin hänen mustasukkaisuutensa ei ole lähtöisin rakkaudesta vaan vihasta.

Jos tämä vaimo rakastaisi miestään hengellisellä rakkaudella sen sijaan että hän tuntisi lihallista mustasukkaisuutta hän tarkastelisi ensiksi itseään ja kysyisi: "Näytänkö minä hyvältä Jumalan edessä? Olenko minä todellakin yrittänyt rakastaa ja palvella miestäni?" Sen sijaan että hän häpäisisi aviomiestään kertomalla kaikille tämän vioista hänen olisi pitänyt pyytää Jumalalta viisautta ymmärtää kuinka saada hänet taas uskolliseksi.

Minkälaista kiivautta Jumala sitten tuntee? Jumala kääntää kasvonsa meistä jos me emme palvo Häntä emmekä me elä totuudessa ja tällöin me kohtaamme koettelemuksia, vaikeuksia ja sairauksia. Tämän tapahtuessa uskovat tietävät että sairaus johtuu synnistä (Joh. 5:14), ja niin he katuvat ja yrittävät etsiä jälleen Jumalaa.

Pastorina minä kohtaan aina silloin tällöin uskovia jotka ovat kokeneet tämän. Yksi kirkon jäsenistä voi esimerkiksi olla hyvin toimeentuleva liikemies jonka yrityksellä menee hyvin. Hänen tekosyynsä on kiire, ja niin hän menettää otteensa ja lopettaa rukoilemisen ja Jumalan työn tekemisen. Hän saavuttaa jopa pisteen missä hän ei ota osaa sunnuntain jumalanpalvelukseen.

Tämän johdosta Jumala kääntää kasvonsa pois tästä liikemiehestä ja hänen aikaisemmin menestyneestä liikeyrityksestään. Vasta sitten tämä liikemies ymmärtää että hän on tehnyt virheen koska hän ei ole elänyt Jumalan käskyjen mukaan, ja niin hän ymmärtää katua. Jumala haluaa mielummin että Hänen rakas lapsensa kohtaa hankalan tilanteen väliaikaisesti ja ymmärtää siten Hän tahtoaan, pelastuu ja valitsee oikean polun kuin että hän lankeaa ikuisiksi ajoiksi.

Me emme pystyisi ymmärtämään omia virheitämme ja meidän sydämistämme tulisi känsäisiä niin että me tekisimme jatkuvasti syntiä ja lopulta lankeaisime ikuiseen kuolemaan jos Jumala ei tuntisi tätä rakkauden kiivautta vaan sen sijaan ainoastaan tarkkailisi meidän virheitämme. Joten Jumalan tuntema kiivaus on peräisin aidosta rakkaudesta. Se on ilmaisu Hänen suuresta rakkaudestaan ja halustaan uusia meitä ja johdattaa meitä ikuiseen elämään

Siunaukset ja kiroukset jotka kohtaavat meitä kun me noudatamme tai niskoittelemme toista käskyä kohtaan

Jumala on meidän Luojamme ja meidän Isämme joka uhrasi ainoan Poikansa niin että kaikki ihmiset voisivat pelastua. Hän myös hallitsee kaikkien ihmisten elämää ja tahtoo siunata kaikkia jotka palvovat Häntä.

Se että me palvomme tai ihailemme epäjumalia tämän Jumalan sijaan on Hänen vihaamista. Jumalaa vihaavat saavat Häneltä tästä maksunsa ja sanotaan että lapsia rankaistaan isiensä synneistä aina kolmanteen ja neljänteen sukupolveen saakka (Exodus 20:5).

Me voimme nähdä ympärillämme epäjumalia palvovia perheitä joita rangaistaan sukupolvien ajan. Näiden perheiden jäsenet voivat kärsiä pahanlaatuisista tai parantumattomista sairauksista, epämuodostumista, henkisistä sairauksista, riivauksista, itsemurhista, taloudellisista vaikeuksista sekä muista vaikeuksista. Koko perhe olisi täysin peruuttamattomasti tuhottu jos nämä vaikeudet jatkuisivat neljänteen polveen saakka.

Mksi sinä kuitenkin luulet Jumalan sanoneen että Hän rankaisisi "kolmanteen ja neljänteen polveen" saakka sen sijaan että Hän olisi sanonut "neljänteen polveen?" Tämä kertoo Jumalan myötätunnosta. Hän antaa mahdollisuuden katuville ja Jumalaa etsiville jälkeläisille siitä huolimatta että näiden esi-isät ovat palvoneet epäjumalia ja olleet vihamielisiä Jumalaa kohtaan. Nämä ihmiset antavat Jumalalle syyn lakata kyseisen talouden rankaisemista.

Ihmiset tulevat kuitenkin kohtaamaan vaikeuksia yrittäessään hyväksyä Herran jos heidän esi-isänsä olivat hyvin vihamielisiä Jumalaa kohtaan ja kovia epäjumalanpalvojia kasaten näin pahuutta pahuuden päälle. He voivat ottaa Herran vastaan mutta tästä huolimatta he ovat sidottuja hengellisin sitein esi-isiinsä ja niin he tulevat kohtaamaan vaikeuksia koko hengellisen elämänsä ajan siihen saakka kunnes he saavuttavat hengellisen voiton. Paholais-vihollinen ja Saatana yrittävät sekaantua kaikin mahdollisin tavoin estääkseen näitä ihmisiä saamasta uskoa jotta he voisivat raahata heidät ikuiseen pimeyteen.

Jos nämä jälkeläiset kuitenkin katuvat nöyrin sydämin esi-isiensä syntejä ja yrittävät heittää omat syntinsä luonteestaan samalla kun he etsivät Jumalaa, silloin Jumala tulee epäilyksettä suojelemaan heitä. Joten Jumala suojelee sellaisten ihmisten perheitä aina 1000. sukupolveen saakka jotka rakastavat Häntä ja pitävät Hänen käskynsä ja Hän sallii heidän saada armoa ikuisesti. Me näemme kuinka Jumala rakastaa meitä kun me näemme kuinka Hän rankaisee meitä kolmanteen tai neljänteen polveen saakka mutta siunaa meitä 1000. polveen saakka.

Tämä ei kuitenkaan tarkoita sitä että sinä saisit automaattisesti runsaita siunauksia pelkästään sen tähden että sinun esi-isäsi olivat Jumalan uskollisia palvelijoita. Jumala kutsui esimerkiksi Daavidia Hänen sydämensä mukaiseksi mieheksi ja lupasi siunata hänen jälkeläisiään (1. Kun. 6:12). Me kuitenkin opimme että ne Daavidin lapset jotka kääntyivät Jumalasta eivät saaneet luvattuja siunauksia.

Israelin kuninkaiden kronikka näyttää kuinka Jumalaa palvoneet ja palvelleet kuninkaat saivat Jumalalta suuria Hänen Daavidille lupaamiaan siunauksia. Heidän johdollaan myös heidän valtionsa kukoisti niin paljon että sen naapurimaat toivat heille lahjoja. Jumalasta kääntyneet ja Häntä vastaan syntiä tehneet kuninkaat kuitenkin kokivat paljon vaikeuksia elämänsä aikana.

Henkilö voi saada hänen esi-isiensä hänelle valmistamat siunaukset vasta sitten kun hän rakastaa Jumalaa ja yrittää elää totuuden mukaan tahraamatta itseään jumalankuvilla.

Joten myös me voimme saada Jumalalta Hänen kaikille uskollisille palvelijoilleen ja näitä seuraaville sukupolville lupaamat runsaat siunaukset kun me heitämme pois kaikki Jumalalle vastenmieliset hengelliset ja fyysiset epäjumalat.

Luku 4
Kolmas käsky

"Älä turhaan lausu Herran, sinun Jumalasi nimeä"

Exodus 20:7

"Älä turhaan lausu Herran, sinun Jumalasi, nimeä, sillä Herra ei jätä rankaisematta sitä, joka hänen nimensä turhaan lausuu."

Tavasta jolla sanat on kirjattu Raamattuun ja kuinka niitä luetaan on helppoa nähdä että israelilaiset arvostivat Jumalan sanoja.

Ennen kirjapainon keksimistä ihmisten täytyi kirjoittaa Raamattua käsin. Joka kerta kun kirjoittajan piti kirjoittaa sana "Jehova", hänen täytyi pestä kehonsa useaan kertaan ja jopa ottaa käyttöön uusi pensseli. Näin pyhä Hänen nimensä oli. Aina kun kirjuri teki virheen hänen täytyi leikata koko osa irti ja asettaa sen päälle uusi kirjoitus. Hän kuitenkin aloitti koko teoksen tutkimisen alusta alkaen jos sana "Jehova" oli kirjoitettu väärin.

Erääseen tiettyyn aikaan israelilaiset eivät myöskään lausuneet sanaa "Jehova" ääneen lukiessaan Raamattua. Sen sijaan he sanoivat "Adonai", mikä tarkoittaa "Herraani", sillä he pitivät Jumalan nimeä liian pyhänä lausua ääneen.

"Jahve" on nimi joka edustaa Jumalaa, ja tämän tähden he uskoivat että se edusti myös Jumalan kaikkivaltiutta ja kirkkautta. Heille tämä nimi merkitsi Kaikkivaltiasta Luojaa.

"Älä turhaan lausu Herran, sinun Jumalasi, nimeä"

Kaikki ihmiset eivät edes muista että kymmeneen käskyyn sisältyy myös tämänkaltainen käsky. Jopa uskovien joukossa on ihmisiä jotka eivät arvosta Jumalan nimeä tarpeeksi ja siten päätyvät käyttämään sitä väärin.

"Väärin käyttäminen" tarkoittaa jonkin käyttämistä väärällä tavalla. Jumalan sanan käyttäminen väärin tarkoittaa sen käyttämistä virheellisellä, epäpyhällä tai totuuden vastaisella tavalla.

Henkilö käyttää Herran nimeä väärin jos hän esimerkiksi puhuu omia ajatuksiaa mutta väittää silti puhuvansa Jumalan sanoja tai jos hän toimii oman halunsa mukaan mutta väittää toteuttavansa Jumalan tahtoa. Jumalan nimen käyttäminen totuuden vastaisessa valassa, Hänen nimellään pilaileminen ja muut vastaavat ovat esimerkkejä Jumalan nimen lausumisesta turhaan.

Toinen yleinen tapa lausua Herran nimeä turhaan on sanoa että "Jumala ei välitä" tai "Kuinka tämä voisi tapahtua jos Jumala olisi todella olemassa?" kun henkilö joka ei edes etsi Häntä kohtaa vaikeita tilanteita.

Kuinka Jumala voisi kutsua meitä synnittömäksi jos me, Hänen luomansa, käytämme kaiken kirkkauden ansaitsevan Luojan nimeä väärin. Tämän tähden meidän tulee kunnioittaa Jumalaa ja yrittää elää totuudessa tutkiskellen itseämme jatkuvasti siltä varalta että me olemme kiittämättömiä tai epäkunnioittavia Jumalaa kohtaan.

Miksi Jumalan nimen lausuminen turhaan on sitten syntiä?

Ensinnäkin, Jumalan nimen lausuminen turhaan on merkki siitä että me emme usko Häneen.

Jopa elämän tarkoitusta ja maailmankaikkeuden olemassaoloa tutkivien filosofien joukossa on ihmisiä jotka sanovat että Jumala on kuollut. Myös tavalliset ihmiset voivat sanoa vastuuttomasti että Jumalaa ei ole olemassa.

Eräs venäläinen kosmonautti sanoi kerran, että: "Minä menin avaruuteen enkä minä nähnyt Jumalaa missään." Kosmonauttina hänen olisi kuitenkin pitänyt tietää muita paremmin että hänen tutkimansa alue oli vain pieni osa maailmankaikkeutta. Kuinka hölmö onkaan tämä kosmonautti joka sanoo että Jumala, koko maailmankaikkeuden Luoja, ei ole olemassa ainoastaan sen perusteella että hän ei nähnyt Häntä omin silmineen tutkiessaan suhteellisen mitätöntä avaruuden osaa!

Psalmi 53:1 sanoo: *"Hullu sanoo sydämessänsä: 'Ei ole Jumalaa.' Turmiollinen ja iljettävä on heidän väärä menonsa; ei ole ketään, joka tekee sitä, mikä hyvä on."* Nöyrin sydämin tätä maailmankaikkeutta tutkiva henkilö voi löytää suuren määrän Luojaan osoittavia todisteita (Room. 1:20).

Jumala antoi jokaiselle mahdollisuuden uskoa Häneen. Ennen Jeesusta Kristusta Vanhan testamentin aikoina Jumala kosketti hyvien ihmisten sydäntä niin että he saattoivat tuntea elävän Jumalan läsnäolon. Nyt Uuden testamentin aikoina Jeesuksen Kristuksen jälkeen Jumala jatkaa ihmisten sydänten oveen koputtamista monella eri tavalla jotta nämä ihmiset voisivat lähentyä häntä.

Tämän tähden ihmiset avaavat sydämensä ja ottavat Jeesuksen Kristuksen vastaan ja pelastuvat siitä riipumatta kuinka he evankeliumista kuulevat. Jumala sallii Häntä vilpittömästi etsivien kokevan Hänen läsnäolonsa sydämessä rukouksen aikana tuntuvan voimakkaan tuntemuksen, näkyjen tai hengellisten unien kautta.

Kerran minä kuulin erään kirkon jäsenen tunnustuksen enkä minä voinut olla hämmästymättä. Eräänä yönä tämän naisen vatsasyöpään kuollut äiti tuli hänen luokseen unessa ja sanoi: "Minä olisin pelastunut jos minä olisin tavannut Dr. Jaerock Leen, Manminin keskuskirkon vanhimman pastorin..." Tämä nainen oli jo tietoinen Manminin kirkosta mutta tämän kokemuksen kautta hänen koko perheensä liittyi kirkkoon ja hänen ainoa poikansa parantui epilepsiasta.

Useat ihmiset kieltävät yhä Jumalan olemassaolon siitä huolimatta että Hän näyttää usealla eri tavalla olevansa olemassa. Tämä johtuu siitä että heidän sydämensä ovat kavalia ja typeriä. Kuinka Hän voisi kutsua heitä synnittömäksi jos he jatkavat sydämensä kovettamista Häntä vastaan puhuen Hänestä varomattomasti vaikka he eivät edes usko Häneen?

Jumala tietää jopa päässämme olevien hiusten lukumäärän ja Hän tarkkailee meidän kaikkia tekojamme palavin silmin. Ihmiset eivät koskaan käyttäisi väärin Hänen nimeään jos he uskoisivat tähän. Jotkut ihmiset näyttävät siltä että he uskovat Jumalaan mutta he lausuvat Hänen nimeään turhaan sen tähden että he eivät usko sydämensä pohjasta saakka. Tästä tulee Jumalan edessä synti.

Toisekseen, Jumalan nimen käyttäminen väärin on Hänen ylenkatsomista.

Jumalan ylenkatsominen tarkoittaa sitä että me emme kunnioita Häntä. Me emme voi sanoa olevamme synnittömiä jos me uskallamme olla epäkunnioittavia Jumalaa, itse Luojaa, kohtaan.

Psalmi 96:4 sanoo. *"Sillä Herra on suuri ja sangen ylistettävä, hän on peljättävä yli kaikkien jumalain."* 1. Tim. 6:16 sanoo: *"Jolla ainoalla on kuolemattomuus; joka asuu valkeudessa, mihin ei kukaan taida tulla; jota yksikään ihminen ei ole nähnyt eikä voi nähdä-hänen olkoon kunnia ja iankaikkinen valta. Amen."*

Exodus 33:20 sanoo: *"Sinä et voi nähdä minun kasvojani; sillä ei kukaan, joka näkee minut, jää eloon!"* Luoja on niin mahtava ja voimakasa että me, luodut olennot, emme voi edes katsoa Häneen vaikka haluaisimmekin.

Tämän tähden ennen aikaan hyvän omatunnon ihmiset viittasivat taivaaseen kunnioittavin sanoin vaikka he eivät edes tunteneet Jumalaa. Esimerkiksi Koreassa ihmiset käyttivät kunnioittavia sanoja puhuessaan taivaasta tai säästä osoittaakseen kunnioituksensa Luojaa kohtaan. He eivät kenties tunteneet Luojaa mutta he tiesivät että maailmankaikkeuden Luoja lähetti heille kaiken heidän tarvitsemansa, kuten sateen, ylhäältä taivaasta. He siis tahtoivat osoittaa sanoillaan kunnioitustaan Häntä kohtaan.

Suurin osa vanhemmistaan tai muista kunnioittamistaan ihmisistä kunnioittaen puhuvat ihmiset kunnioittavat näitä sydämensä pohjasta. Joten eikö meidän pitäisi puhua Jumalasta pyhimmällä asenteella ja kaikkein kunnioittavimmilla asenteella jos me puhumme koko maailmankaikkeuden Luojasta ja elämän antajasta?

Ikävä kyllä on kuitenkin ihmisiä jotka kutsuvat itseään uskoviksi mutta eivät silti osoita Jumalaa kohtaan kunnioitusta tai edes ota Hänen nimeään vakavasti. He voivat esimerkiksi vitsailla Jumalan sanaa käyttäen tai lainata Raamatun sanoja varomattomasti. Raamattu sanoo *"Sana oli Jumala"* (Joh. 1:1), ja niin Raamatun sanan epäkunnioittaminen on sama kuin Jumalan epäkunnioittaminen.

Toinen tapa olla epäkunnioittava Jumalaa kohtaan on Hänen nimensä kanssa valehteleminen. Tästä esimerkkinä on sellainen henkilö joka puhuu jotakin minkä hän on itse keksinyt omassa mielessään ja sanoo: "Tämä on Jumalan ääni" tai "Tämä on Pyhän Hengen johdatusta." Jos vanhan henkilön nimen käyttäminen sopimattomasti on epäkohteliasta ja tylyä, niin kuinka paljon varovaisempia meidän tulisi sitten olla Jumalan nimen tällä tavalla käyttämisen suhteen?

Kaikkivaltias Jumala tuntee kaikkien elävien olentojen sydämet ja tunteet kuin oman kämmenensä. Hän myös tietää ovatko heidän tekojensa motivaationa hyvä vai paha. Tulisilla silmillään Jumala tarkkailee kaikkien elämää ja Hän tulee tuomitsemaan jokaisen ihmisen hänen tekojensa mukaan. Näin todellakin uskova henkilö ei tule käyttämään Jumalan sanaa väärin tai tekemään syntiä olemalla Häntä kohtaan epäkunnioittava.

Meidän tulee lisäksi muistaa että Jumalaa todella rakastavien ihmisten tulisi olla varovaisia Jumalan nimen käyttämisen lisäksi myös silloin kun he ovat tekemisissä Häneen liittyvien asioiden kanssa. Heidän täytyy myös olla erittäin varovaisia käsitellessään kirkolle kuuluvaa rahaa, oli summa sitten kuinka pieni tahansa.

Kuvittele, että sinä rikkoisit kirkolle kuuluvan kupin, peilin tai kirkon. Teeskentelisitkö sinä että mitään ei ole tapahtunut ja sitten unohtaisit sen? Esineiden ja asioiden pienuudesta huolimatta Jumalalla ja Hänen lähetykselleen omistettuja asioita ei pidä koskaan ylenkatsoa tai kohdella väärin.

Saul teki paljon pahaa Daavidia vastaan ja oli hänelle suuri uhka. Tästä huolimatta Daavid säästi Saulin hengen lopussa ainostaan siistä syystä että Saul oli kerran Jumalan voitelema (1. Sam. 26:33). Samalla tavalla Jumalaa rakastava ja kunnioittava henkilö tulee olemaan hyvin varovainen käsitellessään mitä tahansa Jumalalle kuuluvaa.

Kolmanneksi, Jumalan nimen käyttäminen väärin on Hänen nimessään valehtelemista.

Vanha testamentti näyttää kuinka Israelin historiasta löytyy valheellisia profeettoja. Nämä väärät profeetat hämmensivät ihmisiä puhumalla heille asioita joiden he väittivät valheellisesti olevan peräisin Jumalalta.

Jakeessa 5. Moos, 18:20 Jumala varoittaa ankarasti tämänkaltaisista ihmisistä. Hän sanoo: *"Mutta profeetta, joka julkeaa puhua minun nimessäni jotakin, jota minä en ole käskenyt hänen puhua, tahi puhuu muiden jumalien nimessä, sellainen profeetta kuolkoon."* Rangaistus Jumalan nimessä valehtelemisesta on kuolema.

Ilmestyskirja 21:8 sanoo: *"Mutta pelkurien ja epäuskoisten ja saastaisten ja murhaajien ja huorintekijäin ja velhojen ja epäjumalanpalvelijain ja kaikkien valhettelijain osa on oleva siinä järvessä, joka tulta ja tulikiveä palaa; tämä on toinen kuolema."*

Toisen kuoleman olemassaolo viittaa myös ensimmäisen kuoleman olemassaoloon. Tämä viittaa siihen että ihmiset kuolevat tässä maailmassa uskomatta Jumalaan. Nämä ihmiset menevät Alempaan hautaan missä heitä rangaistaan tuskallisesti heidän synneistään. Pelastetuksi tulleita kohdellaan kuitenkin kuin kuninkaita tuhatvuotisessa kuningaskunnassa tämän maan päällä sen jälkeen kun he ovat kohdanneet ilmassa Jeesuksen Kristuksen Hänen toisen tulemisensa jälkeen.

Tuhatvuotista kuningaskuntaa seuraa Valkean valtaistuimen suuri tuomio missä kaikki ihmiset tuomitaan ja heille jaetaan joko hengellisiä palkkioita tai tuomiota heidän tekojensa mukaan. Tuolloin myös pelastumatta jääneet sielut nousevat kuolleista kohdatakseen tämän tuomion ja jokainen joutuu joko tuliseen järveen tai palavan tulikivenjärveen heidän syntiensä vakavuuden mukaisesti. Tämä on toinen kuolema.

Raamattu sanoo että kaikki valehtelijat kohtaavat toisen kuoleman. Tässä valehtelijoilla viitataan kaikkiin jotka valehtelevat Jumalan nimessä. Tämä ei tarkoita ainoastaan vääriä profeettoja vaan myös kaikkia muita jotka valehtelevat Jumalan nimeä käyttäen ja rikkovat valan. Tämä on sama kuin Hänen nimensä käyttäminen valehtelemisessa ja siten siis Hänen nimensä väärinkäyttämistä. Jumala sanoo jakeessa 3. Moos. 19:12 näin: *"Älkää vannoko väärin minun nimeeni, ettet häpäisisi Jumalasi nimeä. Minä olen Herra."*

On kuitenkin uskovia jotka valehtelevat joskus Jumalan nimeä käyttäen. He voivat esimerkiksi sanoa, että: "Minä kuulin Pyhän Hengen äänen kun minä rukoilin. Minä uskon että se oli Jumalan tekosia." He sanovat näin siitä huolimatta että Jumalalla ei ole ollut mitään tekemistä asian kanssa. He voivat myös nähdä kuinka jotakin tapahtuu ja sitten väittää Jumalan tehneen sen vaikka tämä ei olekaan varmaa. Tässä ei ole mitään vikaa jos se todellakin on Jumalan tekosia, mutta jos kyseessä ei ole Pyhän Hengen teko ja he väittävät näin vain tavan vuoksi, niin tästä tulee ongelma.

Jumalan lapsina meidän tulee aina kuunnella Pyhän Hengen ääntä ja tulla Hänen ohjaamaksi. On kuitenkin tärkeää tietää että me emme voi aina kuulla Pyhän Hengen vaikka me olemmekin Jumalan pelastettuja lapsia. Henkilö voi kuulla Pyhän Hengen ääntä sitä selvemmin ja enemmän mitä enemmän hän pystyy tyhjentämään itsensä synnistä ja täyttämään itsensä totuudella.

Epätotuutta täynnä oleva ja omat lihalliset ajatuksensa Pyhän Hengen teoiksi julistava henkilö ei valehtele ainoastaan ihmisten edessä vaan myös Jumalan edessä. Hänen tulee yrittää olla vähäeleinen siitä huolimatta että Hän todellakin kuulee Pyhän Hengen äänen kunnes hän on 100 prosenttisen varma siitä että hän on oikeassa. Joten meidän tulee siis pidättäytyä teon kutsumista Pyhän Hengen teoksi ilman perusteita ja meidän tulee suhtautua tämänkaltaisiin väitteisiin varovaisesti.

Sama sääntö koskee myös unia, näkyjä ja muita hengellisiä kokemuksia. Jotkut näyt ovat Jumalan antamia mutta muut unet voivat olla henkilön omien halujen tai murheiden aiheuttamia. Jotkut unet voivat olla jopa Saatanan töitä, ja niin meidän ei pidä koskaan innostua ja huutaa "Tämä uni on Jumalan lähettämä", sillä tämä olisi väärin Jumalan edessä.

On hetkiä jolloin ihmiset syyttävät Jumalaa vaikeuksista ja koettelemuksista jotka ovat oikeasti Saatanan tai heidän omien syntiensä aiheuttamia. On myös hetkiä jolloin ihmiset lisäävät Jumalan nimen sanoihinsa täysin varomattomasti. Asioiden sujuessa hyvin he sanovat: "Luoja on siunannut minua" Kohdatessaan vaikeuksia he sanovat: "Jumala on sulkenut tämän oven minulta." Jotkut saattavat tunnustaa uskovansa mutta uskollisesta sydämestä lähtöisin olevan ja kerskailevan ja köykäisen tunnustuksen välillä on suuri ero.

Sananlaskut 3:6 sanoo: *"Tunne hänet kaikilla teilläsi, niin hän sinun polkusi tasoittaa."* Tämä ei kuitenkaan tarkoita että sinun tulee aina lisätä kaikkeen Jumalan nimi. Jumalan kaikessa tunnustava yrittää kuitenkin aina elää kaikessa totuuden mukaan ja niin hän on varovainen Jumalan nimen käyttämisen kanssa. Kun hän vihdoin tekeen näin hän tekee näin uskollisella ja varovaisella sydämellä.

Joten meidän tulee tutkiskella Jumalan sanaa päivin ja öin, olla rukouksessa valppaita ja tulla täyteen Pyhää Henkeä jos me emme tahdo tehdä syntiä käyttämällä Jumala nimeä väärin.

Vasta sitten me voimme kuulla Pyhän Hengen nimen selvästi ja toimia Hänen ohjastamana vanhurskaudessa.

Kunnioita Häntä aina voidaksesi olla jalo

Jumala on tarkka ja tunnollinen, ja niin jokaikinen Hänen Raamatussa käyttämänsä sana on oikein ja tarkoituksenmukainen. Katsoessamme kuinka Hän puhuttelee uskovia me näemme että Hän käyttää kaikissa tilanteissa oikeita sanoja. Yhden kutsuminen "Veljeksi" ja toisen "Rakkaakseni" merkitsee kahta eri asiaa. Joskus Jumala kutsuu ihmisiä "Isiksi", "Nuorukaisiksi" tai "Lapsukaisiksi" sen mukaan mitä Hän haluaa painottaa ja mikä puhuteltavan henkilön uskon mitta on (1. Kor. 1:10; 1. Joh. 2:12-13; 3:21-22).

Sama pätee myös Pyhän Kolminaisuuden nimiin. Me näemme kuinka kolminaisuudesta käytetään useita eri nimiä "Herra Jumala, Jehova, Isä, Messias, Herra Jeesus, Jeesus Kristus, Karitsa, Herran henki, Jumalan henki, Pyhä Henki, Pyhyyden henki, Henki (Genesis 2:4; 1. Aik. 28:12; Psa. 104:30; Joh. 1:41; Room. 1:4).

Ennen kuin Jeesus Kristus naulittiin ristille Häntä kutsuttiin "Jeesukseksi, Opettajaksi, Ihmisen pojaksi) mutta sen jälkeen kun Hän oli kuollut ja noussut haudasta Häntä kutsutaan "Jeesukseksi Kristukseksi, Herra Jeesukseksi Kristukseksi, Jeesukseksi Kristukseksi nasaretilaiseksi" (1. Tim. 6:14; Ap.t.

3:6).

Ennen ristiinnaulitsemistaan Hän ei ollut vielä saanut Pelastajan tehtäväänsä päätökseen ja niin Häntä kutsuttiin "Jeesukseksi", mikä tarkoittaa "Häntä, joka tulee pelastamaan kansansa synneistään" (Matteus 1:21). Saatuaan tehtävänsä päätökseen Häntä kuitenkin kutsuttiin Kristukseksi, mikä tarkoittaa "Pelastajaa."

Jumala on täydellinen ja Hän haluaa myös meidän olevan sanojemme ja tekojemme suhteen oikeita ja täydellisiä. Meidän tulee käyttää Jumalan pyhää nimeä oikealla tavalla aina kun me lausumme sen ääneen. Tämän tähden Jumala sanoo jakeen 1. Sam. 2:30 jälkimmäisessä osassa näin: *"Sillä minä kunnioitan niitä, jotka minua kunnioittavat; mutta jotka minut ylenkatsovat, ne tulevat halveksituiksi."*

Joten me emme koskaan käytä Jumalan nimeään virheellisesti väärin ja me pelkäämme Häntä kaikkina aikoina jos me todelle kunnioitamme Häntä sydämemme pohjasta. Joten minä rukoilen että sinä olisit aina valpas rukouksessasi ja tarkkaavainen sydämessäsi niin että sinun elämäsi kirkastaisi Jumalaa yhä enemmän.

Luku 5
Neljäs käsky

"Muista pyhittää lepopäivä"

Exodus 20:8-11

"Muista pyhittää lepopäivä. Kuusi päivää tee työtä ja toimita kaikki askareesi; mutta seitsemäs päivä on Herran, sinun Jumalasi, sapatti; silloin älä mitään askaretta toimita, älä sinä älköönkä sinun poikasi tai tyttäresi, sinun palvelijasi tai palvelijattaresi tai juhtasi älköönkä muukalaisesi, joka sinun porteissasi on. Sillä kuutena päivänä Herra teki taivaan ja maan ja meren ja kaikki, mitä niissä on, mutta seitsemäntenä päivänä hän lepäsi; sentähden Herra siunasi lepopäivän ja pyhitti sen."

Ensimmäinen asia mitä sinun tulee tehdä jos sinä olet ottanut Kristuksen vastaan ja tullut Jumalan lapseksi on palvoa Jumalaa joka sunnuntai ja antaa kymmenyksiä. Kymmenysten ja uhrien antaminen näyttää sinun uskovan Jumalan valtaan yli kaiken fyysisen ja materialistisen, ja sapatin pyhittäminen näyttää sinun uskovan Jumalan valtaan yli kaikkien hengellisten asioiden (katso Hesekiel 20:11-12).

Jumala suojelee sinua katastrofeilta, kiusauksilta ja vaikeuksilta kun sinä toimit uskossa tunnustaen Hänen henkisen ja fyysisen valtansa. Kymmenysten antamisesta keskustellaan luvussa 8, joten tämä luku keskittyy lepopäivän pyhittämiseen.

Miksi sunnuntaista tuli lepopäivä

Jumalalle pyhitettyä lepopäivää kutsutaan "sapatiksi." Tämä sai alkunsa siitä kun Jumala loi ihmiskunnan ja ihmiset kuudessa päivässä ja sitten lepäsi seitsemäntenä päivänä (Genesis 2:1-3). Jumala siunasi tämän päivän ja teki siitä pyhän, tehden siitä lepopäivän myös ihmisille.

Vanhan testamentin aikoina sapatti oli lauantaina. Jopa nykyään juutalaiset viettävät lauantaina sapattia. Uuden testamentin aikojen alettua me aloimme kuitenkin viettää sapattia sunnuntaisin ja me nimesimme sen "Herran päiväksi."

Joh. 1:17 sanoo: *"Sillä laki on annettu Mooseksen kautta; armo ja totuus on tullut Jeesuksen Kristuksen kautta."* Matteus 12:8 puolestaan sanoo: *"Sillä Ihmisen Poika on sapatin herra"* Ja näin juuri kävikin.

Miksi sapatti sitten siirtyi lauantaista sunnuntaihin? Tämä johtuu siitä että koko ihmiskunta pystyy lepäämään aidosti Jeesuksen Kristuksen kautta sunnuntaina.

Koko ihmiskunnasta tuli synnin orjia ensimmäisen ihmisen, Aatamin, niskoittelun tähden eikä heillä ollut todellista sapattia. Ihmiset pystyivät syömään vain ankarasti työtä tekemällä ja heidän täytyi kärsiä ja kokea surun, sairauden ja kuoleman kyyneleitä. Tämän tähden Jeesus tuli tähän maailmaan ihmisen lihassa ja Hänet naulittiin ristille ihmiskunnan syntien maksamiseksi. Hän kuoli ja nousi jälleen kolmantena päivänä murskaten näin kuoleman vallan ja tullen ylösnousemuksen ensimmäiseksi hedelmäksi.

Joten Jeesus ratkaisi synnin ongelman ja antoi koko ihmiskunnalle todellisen sapatin aikaisin sunnuntaiaamuna, sapattia seuraavana päivänä. Tästä syystä Uuden testamentin aikana sunnuntaista, päivästä jona Jeesus Kristus sai koko ihmiskunnan pelastuksen päätökseen, tuli sapatin päivä.

Jeesus Kristus, sapatin Herra

Myös Herran opetuslapset pitivät sunnuntaita sapattina sillä he ymmärsivät sapatin hengellisen merkityksen. Ap.t. 20:7 sanoo: *"Ja kun viikon ensimmäisenä päivänä olimme kokoontuneet murtamaan leipää"* ja 1 Korinttolaiskirje 16:2 sanoo: *"Kunkin viikon ensimmäisenä päivänä pankoon jokainen teistä kotonaan jotakin talteen, säästäen menestymisensä mukaan, ettei keräyksiä tehtäisi vasta minun tultuani."*

Jumala tiesi että sapatin siirtyminen tulisi tapahtumaan ja niin Hän vihjasi tähän jo Vanhassa testamentissa kun Hän sanoi Moosekselle seuraavasti: *"Puhu israelilaisille ja sano heille: Kun te tulette siihen maahan, jonka minä teille annan, ja leikkaatte sen viljaa, niin viekää papille viljastanne uutislyhde. Ja hän toimittakoon sen lyhteen heilutuksen Herran edessä, että hänen mielisuosionsa tulisi teidän osaksenne; sapatin jälkeisenä päivänä pappi toimittakoon sen heilutuksen. Ja sinä päivänä, jona teidän lyhteenne heilutus toimitetaan, uhratkaa virheetön, vuoden vanha karitsa polttouhriksi Herralle"* (3. Moos. 23:10-12).

Jumala sanoi israelilaisille että päästyään Kanaanin maahan heidän täytyi uhrata heidän ensimmäinen satonsa sapatin jälkeisenä päivänä. Ensimmäinen sato symboloi Herraa josta tuli ylösnousemuksen ensimmäinen hedelmä. Myös yhden vuoden ikäinen virheetön karitsa symboloi Jeesusta Kristusta, Jumalan karitsaa.

Nämä jakeet näyttävät kuinka Jeesus, josta tuli rauhan uhri sekä ylösnousemuksen ensimmäinen hedelmä, nousi sapatin jälkeisenä sunnuntaina ja antoi oikean sapatin ja ylösnousemuksen kaikille Häneen uskoville.

Tästä syystä sunnuntaista, Jeesuksen Kristuksen ylösnousemuksen päivästä, tuli todellisen ilon ja kiitoksen päivä. Päivä, jona uusi elämä synnytettiin ja tie ikuiseen elämään avattiin. Päivä, jona voitiin viettää todellista sapattia.

"Muista pyhittää lepopäivä"

Miksi Jumala teki sapatista pyhän ja miksi Hän käskee lapsiaan pyhittämään sen?

Tämä johtuu siitä että Hän haluaa meidän pitävän myös hengellisen maailman mielessämme siitä huolimatta että me elämme lihallisessa maailmassa. Hän tahtoi varmistaa että me emme aseta toivoamme maailman katoavaisiin asioihin. Hän tahtoi meidän muistavan maailmankaikkeuden Luojaa ja Mestaria sekä unelmoivan ikuisesta ja aidosta sapatista.

Exoduksen luvun 20 jakeet 9-10 kuuluvat seuraavasti: *"Kuusi päivää tee työtä ja toimita kaikki askareesi; mutta seitsemäs päivä on Herran, sinun Jumalasi, sapatti; silloin älä mitään askaretta toimita, älä sinä älköönkä sinun poikasi tai tyttäresi, sinun palvelijasi tai palvelijattaresi tai juhtasi älköönkä muukalaisesi, joka sinun porteissasi on."* Tämä tarkoittaa sitä että kenenkään ei pidä tehdä työtä sapattina. Tämä pitää sisällään sinut, sinun palvelijasi, eläimesi sekä kaikki vierailijasi. Tämän tähden ortodoksijuutalaiset eivät saa valmistaa ruokaa, liikuttaa painavia esineitä tai matkustaa pitkiä välimatkoja sapatin aikana. Tämä johtuu siitä että nämä kaikki lasketaan työn tekemiseksi ja niin ne eivät sovi sapatin sääntöihin. Nämä rajoitukset olivat kuitenkin ihmisten keksimiä ja ne annettiin vanhimmilta vanhimmille aikojen kuluessa. Siten ne eivät ole siis Jumalan sääntöjä.

Esimerkiksi silloin kun juutalaiset etsivät tekosyytä Jeesuksen syyttämiseen he näkivät miehen jolla oli surkastunut käsi ja kysyivät Jeesukselta onko sapattina parantaminen lainmukaista. He itse pitivät jopa sairaan henkilön parantamista sapattina "työnä" ja siten se oli heistä lainvastaista.

Jeesus vastasi tähän seuraavasti: *"Kuka teistä on se mies, joka ei, jos hänen ainoa lampaansa putoaa sapattina kuoppaan, tartu siihen ja nosta sitä ylös? Kuinka paljon suurempiarvoinen onkaan ihminen kuin lammas! Sentähden on lupa tehdä sapattina hyvää"* (Matteus 12:11-12).

Jumalan mainitseman sapatin pyhittäminen ei tarkoita ainoastaan työstä pidättäytymistä. Pelkästään se että ei-uskovat ottavat lepoa työstä ja jäävät kotiin tai sitten menevät ulos nauttimaan on eräänlaista fyysistä lepoa työnteosta. Tätä ei kuitenkaan pidetä "sapattina", sillä tämä ei anna meille todellista elämää. Meidän täytyy ensin ymmärtää "sapatin" hengellinen merkitys jotta me voisimme pitää sen pyhänä ja olla siunattuja niinkuin Jumala haluaa.

Jumala ei halua meidän lepäävän sapattina ainoastaan fyysisesti vaan myös hengellisesti. Jesaja 58:13-14 selittää kuinka sapattina ihmisten tulisi pidättäytyä toimimasta oman halunsa mukaan, ajamasta omia etujaan, puhumasta joutavia tai nauttimasta maailmallisista iloista. Sen sijaan heidän tulisi pitää tämä päivä pyhänä.

Meidän ei pitäisi sotkeentua sapattina maailmallisiin asioihin vaan mennä vain kirkkoon, Herran ruumiseen, nauttia elämän leipää mikä on Jumalan sana, olla liitossa Jumalan kanssa rukouksen ja ylistyksen kautta, ja levätä hengellisesti Herrassa. Liiton kautta uskovien tulisi jakaa keskenään Jumalan laupeus ja auttaa toisiaan vahvistamaan uskoaan. Jumala kypsyttää meidän uskoamme ja antaa meidän sielumme kukoistaa kun me lepäämme hengellisesti tällä tavalla.

Mitä meidän tulee sitten tarkalleen tehdä pyhittääksemme lepopäivän?

Ensinnäkin, meidän tulee haluta sapatin siunauksia ja valmistaa itsestämme puhdas astia.

Sapatti on Jumala erikseen pyhäksi asettama iloinen päivä jona me voimme saada Jumalalta siunauksia. Jakeen Exodus

20:11 jälkimmäinen osa sanoo: *"Sentähden Herra siunasi lepopäivän ja pyhitti sen"* ja Jesaja 58:13 sanoo: *"Kutsut sapatin ilopäiväksi, Herran pyhäpäivän kunnioitettavaksi ja kunnioitat sitä."*

Jopa nykyään israelilaiset viettävät sapattia lauantaina ja he aloittavat sen valmistamisen etukäteen. He valmistavat kaikki ruuat etukäteen ja jos he käyvät töissä kodin ulkopuolella he pitävät huolen siitä että he voivat matkustaa kotiin viimeistään perjantai-iltana.

Myös meidän pitää valmistaa sydämemme sapattia varten ennen sunnuntaita. Meidän tulisi olla joka viikko hereillä rukouksessa ennen sunnuntain saapumista ja meidän pitää yrittää elää totuuden mukaisesti kaikkina aikoina niin että me emme rakenna synnin muuria itsemme ja Jumalan välille.

Joten sapatin pyhittäminen ei tarkoita sitä että me antaisimme Jumalalle vain yhden päivän. Se tarkoittaa elämistä Jumalan sanan mukaan koko viikon ajan. Meidän tulee katua ja valmistautua sunnuntaihin puhtain sydämin jos me olemme tehneet viikon aikana jotakin mikä saattaa olla Jumalan silmissä epämiellyttävää.

Ottaessamme osaa sunnuntain jumalanpalvelukseen meidän tulee saapua Jumalan eteen kiitollisin sydämin. Meidän tulee saapua Hänen eteensä iloisin ja malttamattomin sydämin kuin sulhasta odottava morsian. Tämän kaltaisen asenteen avulla me voimme valmistaa itsemme fyysisesti kylpemällä tai jopa menemällä parturiin tai kampaajalle jotta me näyttäisimme siistiltä ja puhtaalta.

Me voimme ehkä haluta jopa siivota kotimme. Meidän tulee myös valita kirkkoa varten siisti ja puhdas vaatekerta etukäteen. Meidän ei tule sekaantua maailmallisiin asioihin myöhään lauantai-iltana jottei se vaikuttaisi meihin sunnuntaina. Meidän pitää pidättäytyä toiminnasta joka saattaa vaikuttaa sunnuntaiseen Jumalan palvelemiseen. Meidän pitää myös vartioida sydäntämme jottei se ärsyynny, suutu tai järkyty voidaksemme näin palvoa Jumalaa hengessä ja totuudessa.

Joten meidän tulee odottaa sunnuntaita innostuneella ja rakastavalla sydämellä ja valmistaa itsestämme Jumalan laupeuden arvoinen astia. Tämä saa meidän kokemaan hengellisen sapatin Herrassa.

Toisekseen, meidän tulee antaa koko sunnuntai Jumalalle.

Jopa uskovien joukossa on ihmisiä jotka antavat Jumalalle vain yhden palveluksen sunnuntaiaamuna jättäen iltapalveluksen väliin. He tekevät näin voidakseen levätä, ottaaksen osaa johonkin vapaa-ajan toimintoon tai muiden liiketoimien tähden. Meidän tulee pyhittää koko päivä jos me haluamme pyhittää koko sapatin jumalaapelkäävällä sydämellä. Me jätämme illan tai iltapäivän palveluksen väliin eri asioiden tähden siitä syystä että me sallimme sydämemme seurata lihan haluja, jahdaten näin maailmallisia asioita.

Omatessamme tämänkaltaisen asenteen meidän on hyvin helppoa joutua muiden ajatusten häiritsemäksi aamupalveluksen aikana. Me olemme kyllä saapuneet kirkkoon mutta me emme pysty antamaan Jumalalle todellista palvontaa. Palveluksen aikana meidän mielemme täyttyy seuraavan kaltaisilla ajatuksilla: "Heti kun tämä palvelus on ohitse minä menen kotiin ja rentoudun" tai "Onpa mukavaa nähdä ystäviäni kirkon jälkeen" tai "Minun pitää kiirehtiä ja avata kauppa heti tämän jälkeen." Kaikenlaiset ajatukset virtaavat päämme sisällä ja niin me emme voi keskittyä sanomaan. Me voimme jopa olla unisia tai väsyneitä palveluksen aikana.

On tietenkin mahdollista että tuoreet uskovat menettävät keskittymisensä heidän uskonsa nuoruuden tähden tai tulevat uneliaiksi fyysisen väsymyksensä tähden. Jumala tuntee jokaisen uskon mitan ja katsoo jokaisen sydämen sisimpään, ja niin Hän on näitä tuoreita uskovia kohtaan armollinen. Mutta jos joku huomattavan määrän uskoa omaava menettää kuitenkin mielenkiintonsa tai nukahtaa palveluksen aikana tämä on epäkunnioittavaa Jumalaa kohtaan.

Sapatin pyhittäminen ei tarkoita vain kirkon seinien olemista fyysisesti. Se tarkoittaa sydämen sisimmän ja huomiomme kiinnittämistä Jumalaan. Jumala aistii meidän palvovan sydämemme aromin vasta sitten kun me palvomme Jumalaa kunnollisesti koko sunnuntain ajan hengessä ja totuudessa.

Sapatin pyhittämisen kannalta on myös tärkeää kuinka sinä käytät jumalanpalveluksen ulkopuolelle jäävät sunnuntain tunnit. Meidän ei pidä kuvitella että me olemme tehneet kaiken tarvittavan ainoastaan sen tähden että me olemme käyneet kirkossa. Palveluksen jälkeen meidän tulee olla liitossa muiden uskovien kanssa ja palvella Jumalan kuningaskuntaa siivoamalla kirkkoa, ohjaamalla liikennettä kirkon parkkipaikalla tai tekemällä muuta vapaaehtoistyötä kirkossa.

Päivän päätyttyä me menemme kotiin lepäämään. Meidän tulee tällöin myös pidättäytyä vapaa-ajan toiminnoista joiden ainoa päämäärä on itsemme miellyttäminen. Tämän sijaan meidän tulisi mietiskellä päivällä kuulemaamme sanomaa tai viettää aikaa puhumalla ja keskustelemalla Jumalan laupeudesta ja armosta perheemme kanssa. Olisi hyvä idea pitää televisio kiinni mutta jos me kuitenkin katsomme sitä meidän tulee välttää tietynlaisia ohjelmia jotka voivat herättää meidän halumme ja saada meidät etsimään maailmallisia iloja. Sen sijaan meidän tulee kääntyä sellaisten ohjelmien pariin jotka ovat puhtaita ja mieluiten uskoon perustuvia.

Jumala katsoo sydämemme syvyyksiin ja Hän tulee ottaa palvontamme vastaan ilolla, täyttää meidät Pyhällä Hengellä ja siunaa meitä niin että me voimme levätä aidosti jos me näytämme Hänelle että me yritämme parhaamme miellyttääksemme Häntä edes pienissä asioissa.

Kolmanneksi, meidän ei tule tehdä maailmallista työtä.

Nehemia oli Israelin kuvernööri Persian kuningas Artaxerxeksen alla. Hän ymmärsi Jumalan tahtoa ja niin hän sekä rakensi Jerusalemin kaupungin muurit uudelleen että piti huolen siitä että ihmiset pyhittivät sapatin.

Tämän tähden hän kielsi ostamisen ja myymisen sapattina ja jopa ajoi tiehensä muurien ulkopuolella nukkuvat ihmiset jotka odottivat pääsevänsä tekemään kauppoja sapattia seuraavana päivänä.

Nehemian jakeissa 13:17-18 hän varoittaa kansaansa: *"Kuinka te teette näin pahasti ja rikotte sapatinpäivän? Eikö Jumalamme juuri sen tähden, että teidän isänne näin tekivät, antanut kaiken tämän onnettomuuden kohdata meitä ja tätä kaupunkia? Ja te tuotatte nyt vielä suuremman vihan Israelin ylitse, kun rikotte sapatinpäivän."* Nehemia sanoi että kaupan tekeminen sapattina rikkoo sapattia ja herättää Jumalan vihan.

Sapattia rikkovat ihmiset eivät tunnusta Jumalan valtaa eivätkä he usko Hänen lupaukseensa siunata lepopäivän pyhittäviä. Tämän tähden oikeudenmukainen Jumala ei voi suojella näitä ihmisiä

Jumala käskee meitä samalla tavalla myös tänään. Hän sanoo meille että meidän tulee työskennellä ahkerasti kuuden päivän ajan ja levätä seitsemäntenä päivänä. Jumala antaa meille tarpeeksi korvataksemme sen mitä me olisimme voineet saada työskentelemällä seitsemäntenä päivänä jos me muistamme ja pyhitämme lepopäivän. Hän siunaa meitä niin paljon että meidän 'varastomme' ovat ylitsepursuavia.

Exoduksen luku 16 näyttää meille kuinka Jumala antoi israelilaisille mannaa ja viiriäisiä joka päivä. Kuudentena päivänä Hän kuitenkin lähetti kaksinkertaisen annoksen jotta he voisivat valmistautua sapattia varten. Israelilaisten joukossa oli monia jotka lähtivät itsekkyyttään keräämään mannaa myös sapattina mutta he joutuivat kaikki palaamaan takaisin tyhjin käsin.

Samat hengelliset lait pätevät myös tänään. Jumalan lapsi voi saada lyhytkestoisia voittoja jos hän päättää tehdä työtä sapattina, mutta pitkällä aikajänteellä hän tulee itse asiassa kokemaan tappioita yhden jos toisenkin erillisen asian tähden.

Totuus on, että ilman Jumalan suojelusta sinä tulet väistämättä kohtaamaan odottamattomia ongelmia vaikka sinusta saattaakin tuntua että sinä teet voittoa. Sinä saatat esimerkiksi joutua onnettomuuteen, sairastua tai kokea muuta sellaista joka aiheuttaa sinulle suurempia tappioita kuin mitä sinä olet saanut voittoa.

Jumala kuitenkin varjelee sinua koko loppuviikon ajan ja johdattaa sinut kukoistukseen jos sinä muistat pyhittää lepopäivän. Pyhä Henki vartioi sinua Hänen tulisilla pylväillään ja suojelee sinua sairauksilta. Hän siunaa sinua ja sinun liiketoimiasi, sinun työpaikkaasi ja sinua mihin tahansa sinä sitten menetkin. Tämän tähden Jumala sisälsi tämän käskyn Hänen kymmeneen käskyynsä. Hän jopa asetti ankaran rangaistuksen sapatin rikkomisesta, kivittämisen, jotta Hänen kansansa muistaisi eikä unohtaisi sapatin tärkeyttä eikä siten kulkisi kohti ikuisen tuhon polkua (4. Moos. 15).

Siitä hetkestä alkaen kun minä otin Kristuksen elämääni minä olen pitänyt huolen siitä että minä olen muistanut ja pyhittänyt lepopäivän. Minä pidin kirjakauppaa ennen kirkkoni avaamista. Sunnuntaisin monet ihmiset tulivat kauppaan haluten lainata tai palauttaa kirjoja. Aina kun tämä tapahtui minä sanoin: "Tänään on Herran päivä, joten kauppa on kiinni." Niin minä en tehnyt kauppaa sunnuntaisin. Tämän johdosta Jumala antoi minulle niin paljon siunauksia kuuden muun päivän aikana että sen sijaan että minä olisin kärsinyt tappiota minun ei tarvinnut edes ajatella sunnuntaisin työskentelemistä koskaan uudelleen!

Millon työn tekeminen tai liiketoiminta on sallittua sapattina

Raamatusta löytyy kuitenkin tapauksia joissa työn tekeminen tai liiketoiminta on sallittua sapatinakin. Nämä ovat tapauksia joissa työ on välttämätöntä Herran työn tekemiseksi tai muiden hyvien tekojen, kuten esimerkiksi ihmisten pelastamisen, osalta.

Matteus 12:5-8 sanoo: *"Tai ettekö ole lukeneet laista, että papit sapattina pyhäkössä rikkovat sapatin ja ovat kuitenkin syyttömät? Mutta minä sanon teille: tässä on se, joka on pyhäkköä suurempi. Mutta jos tietäisitte, mitä tämä on: 'Laupeutta minä tahdon enkä uhria', niin te ette tuomitsisi syyttömiä. Sillä Ihmisen Poika on sapatin herra."*

Papit teurastavat eläimiä uhrilahjoiksi sapattina eikä tätä pidetä työn tekona. Joten Herran tähden Herran päivänä tehtyä työtä ei pidetä sapatin rikkomisena sillä Hän on sapatin Herra.

Oletetaan että kirkko haluaa tarjota kuorolle ja opettajille aterian siitä hyvästä että he ovat työskennelleet ahkerasti kirkossa koko päivän mutta että kirkossa ei ole kahvilaa tai kunnon tiloja ruuan valmistamiseen. Tämänkaltaisessa tilanteessa kirkko saa ostaa ruuan muualta. Tämä johtuu siitä että Jeesus Kristus on sapatin herra ja tässä tapauksessa ruuan ostaminen on Herran työn edistämistä. Olisi tietenkin parempi jos ruoka voitaisiin valmistaa kirkon sisällä.

Kirjakauppojen avaaminen kirkossa sunnuntaisin ei ole sapatin rikkomista sillä kirkossa myytäviä asioita ei pidetä maailmallisina asioina vaan esineinä jotka antavat Herraan uskoville elämää. Näihin kuuluvat Raamatut, virsikirjat, saarnat ja muut kirkkoon liittyvät esineet. Myös kirkossa olevat automaatit ja kahvilat ovat sallittuja sillä ne auttavat uskovia kirkossa sapatin aikana. Näistä saatava voitto käytetään lähetystyön ja hyväntekeväisyyden hyväksi ja niin ne eroavat kirkon ulkopuolella tapahtuvasta maailmallisesta liiketoiminnasta.

Jumala ei pidä tiettyjä sapattina tapahtuvia töitä sapatin rikkomisena. Näistä esimerkkeinä on esimerkiksi armeijan, poliisin, sairaaloiden ja muiden vastaavien työ. Nämä ovat töitä jotka suojelevat ja pelastavat henkiä ja ovat ihmisten hyväksi. Sinun olisi kuitenkin hyvä keskittyä Jumalaan vaikkapa vain sydämessäsi jos sinä kuulut tähän joukkoon. Sinun sydämesi tulisi olla altis pyytämään esimiehiltäsi tätä päivää vapaaksi sapatin viettämiseksi jos vain mahdollista.

Entä sitten uskovat jotka viettävät häitään sunnuntaina? Tämä on merkki siitä että heidän uskonsa on hyvin nuorta jos he väittävät uskovansa Jumalaan mutta silti viettävät häitään Herran päivänä. He saattavat kuitenkin tuntea itsensä loukatuksi ja kompuroida uskon elämässään jos he päättävät pitää häänsä sunnuntaina eikä kukaan heidän kirkostaan ota niihin osaa. Joten tässä tapauksessa kirkon jäsenet voivat ottaa häihin osaa sunnuntain palveluksen jälkeen.

Tämä voidaan tehdä naimisiin menevän parin hyväksi jotta he eivät loukkaantuisi ja harhaantuisi uskon elämässään. Ei ole kuitenkaan sopivaa jäädä paikalle seremonian jälkeen ja ottaa osaa vastaanottoon joka on tarkoitettu vieraiden nautinnoksi.

Näiden tapausten lisäksi on varmasti useita sapattiin liittyviä kysymyksiä. Sinä voit kuitenkin löytää vastauksen näihin kysymyksiin helposti kun sinä alat ymmärtää Jumalan sydäntä. Sinä voit palvoa Jumalaa koko sydämelläsi kun sinä olet heittänyt kaiken siinä olevan pahuuden pois. Sinä voit toimia vilpittömällä rakkaudella muita kohtaan sen sijaan että sinä arvostelisit heitä ihmisten laatimien sääntöjen avulla niin kuin saddukealaiset ja fariseukset. Sinä voit nauttia todellisesta sapatista Herran kanssa Hänen päiväänsä rikkomatta. Sitten sinä tunnet Jumalan tahdon kaikissa tilanteissa. Sinä tulet tietämään Pyhän Hengen ohjaamana mitä tehdä kaikissa tilanteissa ja sinä pystyt aina nauttimaan vapaudesta elämällä totuudessa.

Jumala on rakkaus. Hän antaa lapsilleen mitä tahansa he pyytävätkin jos he noudattavat Hänen käskyjään ja miellyttävät Häntä teoillaan (1. Joh. 3:21-22). Hän sataa armoa meidän päällemme ja siunaa meitä niin paljon että me voimme olla kukoistavia ja menestyksekkäitä kaikilla elämämme osa-alueilla. Elämämme lopussa Hän johdattaa meidät taivaan parhaisiin asuinsijoille.

Hän on valmistanut taivaan meille niin että me voimme jakaa rakkauden ja onnellisuuden ikuisesti taivaassa meidän Herramme kanssa aivan kuten morsian ja sulhanen jakavat oman onnellisuutensa ja rakkautensa. Tämä on se todellinen sapatti jonka Jumala on meille valmistanut. Joten minä rukoilen että sinun uskosi kypsyisi ja kasvaisi joka päivä muistaessasi pyhittää lepopäivän sen kokonaisuudessaan.

Luku 6
Viides käsky

—⁓⁓—

"Kunnioita isääsi ja äitiäsi"

Exodus 20:12

"Kunnioita isääsi ja äitiäsi, että kauan eläisit siinä maassa, jonka Herra, sinun Jumalasi, sinulle antaa."

Eräänä kylmänä talvena Korean kadut olivat täynnä Korean sotaa pakenevia kärsiviä pakolaisia. Eräs näistä oli nainen joka oli lähellä synnyttämistä. Hänellä oli vielä useita maileja jäljellä alkuperäiseen kohteeseensa mutta hänen supistuksensa voimistuivat ja lisääntyivät niin nopeasti että hän päätti kiivetä varovasti hylätyn sillan alle. Maaten tämän kylmän ja jäätävän maan päällä hän kärsi synnytystuskansa yksin ja toi tähän maailmaan pienen lapsen. Hän peitti tämän verisen lapsen omilla vaatteillaan ja puristi sen rintaansa vasten.

Hieman myöhemmin sillalla kulkeva amerikkalainen sotilas kuuli vauvan itkua. Hän seurasi tätä ääntä ja kiipesi sillan alle mistä hän löysi kuolleen naisen alastoman ja jäätyneen ruumiin joka oli kumartunut vaatteiden peittämän lapsen ylle. Vanhemmat rakastavat lapsiaan niin paljon että he voivat helposti ja epäitsekkäästi antaa oman elämänsä niiden puolesta tämän tarinan naisen tavoin. Kuinka paljon suuremman sinä luulet Jumalan rakauden olevan meitä kohtaan?

"Kunnioita isääsi ja äitiäsi"

"Isän ja äidin kunnioittaminen" tarkoittaa vanhempiesi tahdon kunnioittamista ja heidän palvelemistaan vilpittömästi ja kohteliaasti. Meidän vanhempamme ovat synnyttäneet ja kasvattaneet meidät. Jos he eivät olisi olemassa ei meitäkään olisi. Joten hyvän sydämen omaavat ihmiset kunnioittaisivat vanhempiaan vaikka Jumala ei olisikaan tehnyt tästä yhtä Hänen kymmenestä käskystään.

Jumala antaa tämän käskyn "kunnioita isääsi ja äitiäsi" syystä jonka Hän mainitsee Efesolaiskirjeen jakeessa 6:1: *"Lapset, olkaa vanhemmillenne kuuliaiset Herrassa, sillä se on oikein."* Hän haluaa että me kunnioitamme vanhempiamme Hänen sanan mukaisesti. Sinä et kuitenkaan kunnioita aidosti vanhempiasi jos sinä rikot Jumalan sanaa vanhempiasi miellyttääksesi.

Oletetaan esimerkiksi että sinä olet menossa kirkkoon sunnuntaina kun sinun vanhempasi tulevat ja sanovat: "Älä mene kirkkoon tänään. Vietetään aikaa perheen kesken." Mitä sinun tulee sitten tehdä? Sinä et todella kunnioita vanhempiasi jos sinä olet heille tässä kuuliainen. Tämä on sapatin rikkomista ja kohti ikuista pimeyttä kulkemista perheesi kanssa.

Kuinka sinä voit myöskään sanoa todella rakastavasi vanhempiasi vaikka sinä palvelisitkin heitä hyvin lihallisesti? Hengellisesti tämä on tie ikuiseen helvettiin. Sinun tulee toimia ensiksi Jumalan tahdon mukaan ja sitten koskettaa vanhempiesi sydäntä niin että te voitte mennä kaikki taivaaseen yhdessä. Tämä on heidän todellista kunnioittamista.

2 Aik. 15:16 sanoo: *"Kuningas Aasa erotti äitinsäkin Maakan kuningattaren arvosta, koska tämä oli pystyttänyt inhotuksen Aseralle; Aasa kukisti inhotuksen, rouhensi ja poltti sen Kidronin laaksossa."*

Epäjumalia palvova kansakunnan kuningatar on vihamielinen Jumalaa kohtaan ja kulkee kohti ikuista kadotusta. Hän myös vaarantaa alaisensa pakottamalla heidät palvomaan jumalankuvia ja lankeamaan samaan kadotukseen itsensä kanssa. Tämän tähden Aasa ei yrittänyt miellyttää Maakahia vaikka tämä oli hänen äitinsä. Sen sijaan hän erotti äitinsä kuningattaren asemasta jotta tämä voisi katua vääriä tekojaan Jumalan edessä ja jotta hänen kansansa voisi tehdä samoin.

Mutta vaikka kuningas Aasa erottikin äitinsä kuningattaren asemasta hän ei kuitenkaan aikonut lakata täyttämästä velvollisuuksiaan äitiään kohtaan. Hän rakasti äitinsä sielua ja niin hän yhä kunnioitti ja arvosti häntä omana äitinään.

Voidaksemme sanoa, että "Minä kunnioitan vanhempiani", meidän tulee auttaa ei-uskossa olevia vanhempiamme saamaan pelastuksen ja menemään taivaaseen. Meidän tulee auttaa vanhempiamme astumaan taivaan parhaisiin asuinsijoihin jos he ovat jo uskossa. Samanaikaisesti meidän tulee myös yrittää palvella ja miellyttää heitä parhaamme mukaan Jumalan totuudella tämän maan päällä eläessämme.

Jumala on meidän henkemme Isä

"Kunnioita isääsi ja äitiäsi" tarkoittaa pohjimmiltaan samaa kuin "Noudata Jumalan käskyjä ja kunnioita Häntä." Jumalaa aidosti sydämensä pohjasta kunnioittava henkilö kunnioittaa myös vanhempiaan. Samalla tavalla vanhempiaan vilpittömästi palveleva henkilö palvelee myös Jumalaa. Meidän tulee kuitenkin muistaa että Jumala tulee ensin.

Monissa kulttuureissa poika matkustaa itään jos hänen isänsä sanoo: "Mene itään." Jos hänen isoisänsä tällöin kuitenkin sanoo, että: "Ei, älä mene itään. Mene länteen", silloin poika tekee oikein jos hän sanoo isälleen: "Isoisä käski minua menemään länteen.", ja matkustaa sitten länteen.

Omaa isäänsä aidosti kunnioittava isä ei suutu sen tähden että hänen oma poikansa on totellut isoisäänsä itsensä sijaan. Tämä vanhempien totteleminen sukupolven mukaan pätee myös meidän suhteeseemme Jumalan kanssa.

Jumala loi ja antoi elämän isällemme, isoisällemme ja kaikille esi-isillemme. Henkilö syntyy munasolun ja siittiön liitosta. Ihmiselle elämän siemenen antaja on kuitenkin Jumala.

Meidän fyysiset kehomme eivät ole muuta kuin tilapäisiä telttoja joita me voimme käyttää sen lyhyen ajan verran minkä me vietämme tämän maan päällä. Jumalan jälkeen meidän todellinen mestarimme on meissä oleva henki. Kukaan ei voi koskaan kloonata ihmisen henkeä tuli ihmiskunnasta sitten kuinka viisas tai tietäväinen tahansa. Ihminen voi kenties oppia kloonaamaan ihmissoluja ja valmistamaan ihmisen kehon mutta jos Jumala ei anna tälle henkeä ei tätä voida kutsua ihmiseksi.

Tämän tähden meidän henkemme todellinen isä on Jumala. Tästä tietoisina ollen meidän tulisi tehdä parhaamme palvellaksemme ja kunnioittaaksemme biologisia vanhempiamme. Meidän tulee kuitenkin rakastaa, palvella ja kunnioittaa Jumalaa enemmän sillä Hän on elämän alkuperä ja sen antaja.

Tämän ymmärtävä vanhempi ei koskaan ajattele seuraavanlaisesti: "Minä synnytin lapseni joten minä voin tehdä hänen kanssaan mitä itse haluan." Psalmi 127:3 sanoo: *"Katso, lapset ovat Herran lahja, ja kohdun hedelmä on anti."* Uskossa olevat vanhemmat pitävät lapsiaan Jumalan antamina tehtävinä ja mittaamattoman arvokkaina sieluina joita pitää kasvattaa Jumalan, ei heidän oman, tahtonsa mukaan.

Kuinka kunnioittaa Jumalaa, meidän henkemme Isää

Miten meidän tulee sitten toimia kunnioittaaksemme Jumalaa, meidän henkemme Isää?

Sinun tulee yrittää olla vanhemmillesi kuuliaisia ja tuoda heidän sydämeensä iloa ja lohtua jos sinä todella kunnioitat heitä. Samalla tavalla sinun tulee rakastaa Jumalaa ja noudattaa Hänen käskyjään jos sinä haluat todella kunnioittaa Häntä.

1. Joh. 5:3 sanoo: *"Sillä rakkaus Jumalaan on se, että pidämme hänen käskynsä. Ja hänen käskynsä eivät ole raskaat."* Jumalan käskyjen noudattamisen pitäisi olla

nautinnollista jos me todellakin rakastamme Häntä.

Jumalan käskyt sisältyvät Raamatun 66 kirjaan. Sieltä löytyy sanoja kuten "Rakasta, anna anteeksi, tee rauha, palvele, rukoile jne." joiden avulla Jumala kehottaa meitä tekemään jotakin. Sieltä löytyy myös sanoja kuten "Älä vihaa, älä tuomitse jne." joiden avulla Jumala kehottaa meitä pidättäytymään jonkin tekemisestä. Raamatussa on myös ilmaisuja kuten "Heitä kaikki synti pois, jne" joiden avulla Jumala kehottaa meitä hankkiutumaan jostakin eroon. Jumala myös käskee meitä pitämään asioita, kuten "Muista pyhittää lepoäivä."

Meidän voidaan sanoa todella kunnioittavan Jumalaa vasta sitten kun me toimimme Raamattuun kirjattujen käskyjen mukaan ja meistä tulee kristittyinä suloinen aromi Jumalalle.

On helppo huomata ketkä rakastavat ja kunnioittavat Jumalaa sekä rakastavat ja kunnioittavat myös omia vanhempiaan. Tämä johtuu siitä että Jumalan käskyt pitävät jo sisällään vanhempien kunnioittamisen ja veljemme rakastamisen.

Rakastatko sinä Jumalaa ja teetkö sinä parhaasi palvellaksesi Häntä kirkossa samalla kun sinä jätät vanhempasi jollakin tavalla huomiotta kotonasi? Oletko sinä nöyrä ja ystävällinen veljiesi ja sisariesi edessä kirkossa mutta kiivas ja tyly perheesi parissa kotona? Lausutko sinä iäkkäille vanhemmillesi sanoja ja näytätkö sinä heille turhautuneisuutesi sanoen että heidän sanansa eivät ole mielekkäitä?

On tietenkin aikoja jolloin sinun ja vanhempiesi mielipiteet eriävät sukupolvien, koulutuksen ja kulttuurin välisten erojen tähden. Meidän tulee kuitenkin yrittää aina kunnioittaa ja arvostaa vanhempiemme mielipidettä. Me voimme olla kyllä oikeassa, mutta niin kauan kun heidän mielipiteensä eivät ole Raamatun vastaisia meidän pitäisi pystyä luopumaan omista mielipiteistämme heidän hyväkseen.

Meidän ei tule koskaan unohtaa kunnioittaa vanhempiamme sillä meidän pitää ymmärtää että me olemme saaneet elää ja kypsyä nykyiseen ikäämme heidän rakkautensa ja heidän uhraustensa tähden. Joidenkin mielestä heidän vanhempansa eivät koskaan tehneet mitään heidän puolestaan ja heidän on tämän tähden vaikea kunnioittaa vanhempiaan. Meidän tulee kuitenkin muistaa että meidät synnyttäneiden vanhempien kunnioittaminen on osa ihmismäistä käytöstä vaikka osa vanhemmista ei olisikaan ollut uskollisia vanhempien velvollisuuksien osalta.

Kunnioita vanhempiasi jos sinä rakastat Jumalaa

Jumalan rakastaminen ja vanhempien kunnioittaminen kulkevat käsi kädessä. 1. Joh. 4:20: *"Jos joku sanoo: 'Minä rakastan Jumalaa', mutta vihaa veljeänsä, niin hän on valhettelija. Sillä joka ei rakasta veljeänsä, jonka hän on nähnyt, se ei voi rakastaa Jumalaa, jota hän ei ole nähnyt."*

Henkilö on tekopyhä ja hän valehtelee jos hän väittää rakastavansa Jumalaa mutta ei silti rakasta vanhempiaan tai elä rauhassa veljiensä ja sisartensa kanssa. Tämän tähden Matteuksen 15. luvun jakeissa 4-9 Jeesus toruu fariseuksia ja kirjanoppineita. Vanhimpien traditioiden mukaisesti heidän ei tarvinnut huolehtia vanhemmistaan kunhan he vain antoivat Jumalalle Hänen uhrinsa.

Joku voi sanoa että hän ei voi antaa vanhemmilleen sillä hänen täytyy ensin antaa Jumalalle. Tämä rikkoo Jumalan käskyä joka käskee meitä kunnioittamaan vanhempiamme, ja koska henkilö käyttää Jumalaa tekosyynään se myös osoittaa selvästi että tämä on kaikki peräisin pahasta sydämestä. Hän tyydyttää omat halunsa ottamalla pois vanhemmilta heille kuuluvan osansa. Jumalaa sydämensä pohjasta todella rakastava ja kunnioittava henkilö rakastaa ja kunnioittaa myös vanhempiaan.

Sanotaan, että henkilöllä on ollut aiemmin hankaluuksia rakastaa vanhempiaan. Hän kuitenkin alkaa ymmärtämään heidän rakkauttaan paremmin mitä enemmän hän ymmärtää Jumalan rakkautta. Mitä enemmän sinä kuljet totuudessa, heität pois syntejä ja elät Jumalan sanan mukaan, sitä enemmän sinun sydämesi täyttyy rakkaudella ja sitä paremmin sinä pystyt palvelemaan ja rakastamaan lapsiasi.

Siunaukset jotka sinä saat noudattaessasi viidettä käskyä

Jumala antoi lupauksen kaikille Jumalaa rakastaville ja vanhempiaan kunnioittaville. Exodus 20:12 sanoo: *"Kunnioita isääsi ja äitiäsi, että kauan eläisit siinä maassa, jonka Herra, sinun Jumalasi, sinulle antaa."* Tämä jae ei tarkoita vain sitä että sinä saat elää pitkän elämän jos sinä kunnioitat vanhempiasi. Se tarkoittaa että Hän siunaa sinua vauraudella ja suojeluksella kaikilla elämäsi alueilla sen mukaan kuinka sinä kunnioitat Jumalaa ja vanhempiasi Hänen totuudessaan. "Kauan eläminen" tarkoittaa että Jumala siunaa sinua, sinun perhettäsi, työpaikkaasi tai liikeyritystäsi yllättäviltä katastrofeilta niin että sinun elämäsi tulee olemaan pitkä ja vauras.

Vanhassa testamentissa esiintyvää Ruutia siunattiin tällä tavalla. Ruut oli ei-juutalainen pakana Mooabin maasta. Olosuhteet joissa hän eli saivat hänen elämänsä näyttämään vaikealta. Hän meni naimisiin israelilaisen miehen kanssa joka oli jättänyt Israelin nälänhätää paetakseen. Hän kuitenkin kuoli pian sen jälkeen kun he olivat menneet naimisiin ehtimättä antaa Ruutille lapsia.

Ruutin appi-isä oli jo ehtinyt kuolla, ja niin taloudessa ei ollut ollenkaan miestä joka olisi voinut huolehtia perheestä. Taloudessa ei ollut ketään muuta jäljellä kun Ruutin anoppi,

Naomi, sekä hänen kälynsä, Orpa. Hänen anoppinsa, Naomi, päätti palata Juudaan ja Ruut päätti seuraavansa häntä.

Naomi yritti suostutella miniäänsä jäämään ja aloittamaan uuden, onnellisemman elämän mutta Ruut ei kuitenkaan antanut periksi. Ruut halusi huolehtia leskeytyneestä anopistaan loppuun saakka ja niin hän seurasi tätä Juudaan, hänelle täysin outoon maahan. Ruut rakasti anoppiaan ja tämän tähden hän tahtoi täyttää kaikki miniän velvollisuutensa. Hän tahtoi tehdä parhaansa huolehtien Naomista mahdollisimman kauan. Tämän tekemiseksi hän jopa antoi pois tilaisuuden löytää itselleen uusi, onnellisempi elämä.

Ruut oli myös alkanut uskoa Israelin Jumalaan anoppinsa kautta. Ruut tunnustaa liikuttavasti Ruutin kirjan ensimmäisen luvun jakeissa 16 ja 17:

Älä vaadi minua jättämään sinua ja kääntymään takaisin, pois sinun tyköäsi. Sillä mihin sinä menet, sinne minäkin menen, ja mihin sinä jäät, sinne minäkin jään; sinun kansasi on minun kansani, sinun Jumalasi on minun Jumalani. Missä sinä kuolet, siellä minäkin tahdon kuolla ja sinne tulla haudatuksi. Herra rangaiskoon minua nyt ja vasta, jos muu kuin kuolema erottaa meidät.

Kuullessaan tämän tunnustuksen Jumala siunasi Ruutia ja teki hänen elämästään kukoistavaa siitä huolimatta että hän ei ollut juutalainen. Juutalaisen tavan mukaan leski saattoi mennä naimisiin hänen kuolleen aviomiehensä sukulaisen kanssa, ja niin Ruut pystyi aloittamaan uuden, onnellisen elämän lempeän miehen ja rakastamansa anopin kanssa.

Tämän lisäksi Ruut sai kunnian kuulua kuningas Daavidin kautta Jeesuksen Kristuksen sukupuuhun. Jumala kunnioitti vanhempiaan Jumalan rakkaudessa, ja niin Jumala siunasi häntä lupauksensa mukaan ja antoi hänelle runsaasti sekä fyysisiä että hengellisiä siunauksia.

Ruutin tavoin meidän täytyy rakastaa ensin Jumala ja sitten kunnioittaa vanhempiamme Jumalan rakkaudessa. Näin me saamme kaikki ne siunaukset joita Jumalan sana lupaa: "kauan sinä saat elää."

Luku 7

Kuudes käsky

— ෴ —

"Älä tapa"

Exodus 20:13

"Älä tapa."

Pastorina minä saan olla tekemisissä useiden kirkkoon kuuluvien ihmisten kanssa. Tavallisten palvelusten lisäksi minä tapaan heitä kun he saapuvat luokseni jotta minä voisin rukoilla heidän puolestaan tai kun he saapuvat jakaman kanssani oman todistuksensa tai pyytämään hengellistä rohkaisua. Voidakseni auttaa heitä kasvamaan uskossaan minä kysyn heiltä usein seuraavan kysymyksen: "Rakastatko sinä Jumalaa?"

"Kyllä! Minä rakastan Jumalaa", vastaavat useimmat ihmiset. Tämä johtuu kuitenkin usein siitä että he eivät ymmärrä Jumalan rakastamisen todellista hengellistä merkitystä. Minä jaan heidän kanssaan tämän seuraavan jakeen: *"Sillä rakkaus Jumalaan on se, että pidämme hänen käskynsä. Ja hänen käskynsä eivät ole raskaat"* (1. Joh. 5:3) ja selitän heille Jumalan rakastamisen hengellisen merkityksen. Useimmat ihmiset vastaavat vähemmän varmasti kun minä kysyn heiltä tämän ensimmäisen kysymyksen toistamiseen.

On erittäin tärkeää ymmärtää Jumalan sanan hengellinen merkitys. Sama pätee myös kymmeneen käskyyn. Mikä tämän kuudennen käskyn hengellinen merkitys sitten on?

"Älä tapa"

Geneksiksen neljäs luku näyttää meille ihmiskunnan ensimmäisen murhan. Tässä Aatamin poika, Kain, tappaa nuoremman veljensä Aabelin. Miksi tämänkaltaiset asiat tapahtuvat?

Aabel uhrasi Jumalalle Häntä miellyttävällä tavalla. Kain antoi Jumalalle uhrin jonka hän itse luuli olevan oikeanlainen ja joka sopi hänelle itselleen. Jumala ei hyväksynyt Kainin uhria mutta sen sijaan että Kain olisi miettinyt mitä hän oli tehnyt väärin hän tuli kateelliseksi veljelleen ja täyttyi vihalla ja kiihkolla.

Jumala tunsi Kainin sydämen ja varoitti häntä useaan otteeseen. Hän sanoi: *"Sen [synnin] halu on sinuun, mutta hallitse sinä sitä!"* (Genesis 4:7). Genesis 4:8 kuitenkin sanoo: *"Ja heidän kedolla ollessansa Kain karkasi veljensä Aabelin kimppuun ja tappoi hänet."* Kain ei pystynyt hillitsemään sydämessään oleva vihaa vaan päätyi tekemään peruuttamattoman synnin.

Sanoista "kedoilla ollessaan" me voimme päätellä että Kain oli odottanut hetkeä jolloin hän olisi yksin veljensä kanssa. Tämä tarkoittaa sitä että Kain oli jo päättänyt sydämessään että hän tappaisi veljensä ja odotti vain oikeaa tilaisuutta. Kainin tekemä murha ei ollut vahinko, vaan yhdessä hetkessä teoksi muuttuneen hillitsemättömän raivon lopputulos. Tämän takia Kainin murha oli niin suuri synti.

Lukuisat muut murhat seurasivat Kainin murhaa kautta koko ihmiskunnan historian. Nykyään maailma on täynnä syntiä ja niin joka päivä tapahtuu lukemattomia murhia. Rikollisten keskimääräinen ikä on laskussa ja rikokset muuttuvat yhä pahemmiksi. Kaikkein pahinta on kuitenkin se että nykyään murhat joissa vanhemmat tappavat lapsensa tai lapset tappavat vanhempansa eivät ole enää edes järkyttäviä.

Fyysinen murha: Toisen ihmisen hengen ottaminen

Lain mukaan on olemassa kahdenlaisia murhia. Ensimmäisen asteen murha tarkoittaa sitä että henkilö tappaa toisen tahallaan jostakin syystä. Toisen asteen murhassa henkilö tappaa toisen vahingossa. Myös pahansuopaisuudesta tehty tai materiaalisen hyödyn takia ja varomattoman ajamisen kautta tehty murha kuuluvat murhiin. Synnin vakavuus kuitenkin vaihtelee tapauksittain olosuhteiden mukaan. Joitakin murhia, kuten veren vuodattamista taistelukentällä tai laillista itsepuolustusta ei pidetä murhana.

Raamattu sanoo että jos henkilö tappaa yöllä taloonsa murtautuneen varkaan tämä ei ole murha. On kuitenkin itsepuolustuksen liioittelua ja rangaistavaa jos henkilö tappaa keskellä päivää murtautuneen varkaan. Tämä johtuu siitä että Jumala antoi lakinsa tuhansia vuosia sitten aikana jolloin ihmiset pystyivät ajamaan varkaan pois tai pyydystämään hänet helposti toisen ihmisen avulla.

Tällaisessa tapauksessa Jumala pitää veren vuodatukseen

johtanutta liioiteltua itsepuolustusta syntinä sillä Hän kieltää ihmisoikeuksien ja elämän arvokkuuden polkemisen. Tämä näyttää Jumalan oikeudenmukaisen ja rakastavan luonteen (Exodus 22:2-3).

Itsemurha ja abortti

Edellämainittujen murhien lisäksi on myös 'itsemurhia.' 'Itsemurha' on selvästi Jumalan silmissä murha. Jumala on jokaisen ihmisen elämän Herra ja itsemurha on tämän vallan kieltämistä. Tämän tähden itsemurha on suurin synti.

Ihmiset kuitenkin tekevät syntiä sillä he eivät usko joko kuolemanjälkeiseen elämään tai Jumalaan. Joten sen lisäksi että he tekevät syntiä kieltäytymällä uskomasta Jumalaan he tekevät myös syntiä tekemällä murhan. Kuvittele siis minkälainen rangaistus heitä odottaa!

Nykyään internetin käyttäjien määrä on suuressa kasvussa ja on useita tapauksia joissa sivustot kehottavat heitä tekemään itsemurhan. Koreassa neljissäkymmenissä olevien ihmisten yleisin kuolinsyy on syöpä ja toiseksi yleisin itsemurha. Tästä on tulossa vakava sosiaalinen ongelma. Ihmisten täytyy ymmärtää että heillä ei ole valtaa päättää omaa elämäänsä ja että heidän taaksejättämänsä ongelmat eivät ratkea ainoastaan sen tähden että heidän elämänsä tämän maan päällä on päättynyt.

Entä sitten abortit? Kohdussa olevan lapsen elämä on samalla tavalla Jumalan vallan alla ja niin myös abortti kuuluu murhiin.

Nykyään synti hallitsee monien ihmisen elämää ja vanhemmat abortoivat lapsiaan pitämättä sitä syntinä. Toisen ihmisen murhaaminen on itsessään kauhea synti, mutta kuinka paljon suurempi synti onkaan jos vanhemmat ottavat oman lapsensa hengen?

Fyysinen murha on selvästi syntiä, ja niin jokainen maa on säätänyt lakeja sitä vastaan. Tämä on myös suuri synti Jumalan edessä, ja niin paholais-vihollinen voi tuoda kaikenlaisia vaikeuksia ja koettelemuksia murhan tehneille ihmisille. Tämän lisäksi heitä odottaa tuonpuoleisessa elämässäänkara tuomio ja niin kenenkään ei pitäisi koskaan tehdä murhan syntiä.

Henkeä ja sielua vahingoittava hengellinen murha

Jumala pitää fyysistä murhaa suurena syntinä. Hän pitää myös hengellistä murhaa, joka on yhtä kauheaa, vakavana syntinä. Mitä hengellinen murha sitten oikein on?

Ensinnäkin, kyseessä on hengellinen murha kun henkilö tekee jotakin Jumalan totuuden ulkopuolella olevaa joko sanoin tai teoin ja saa siten toisen henkilön kompuroimaan uskossaan.

Toisen henkilön kompuroimisen aiheuttaminen vahingoittaa tämän henkilön sielua saamalla hänet loitontumaan Jumalan totuudesta.

Sanotaan että nuori uskova saapuu kirkon johtajien eteen saadakseen heiltä opastusta. Hän kysyy: "Sopiiko että minä jätän sunnuntain palveluksen väliin huolehtiakseni erittäin tärkeästä liikeasiasta?" Johtaja saa tämän nuorukaisen kompuroimaan uskossaan jos hän vastaa ja sanoo: "No, jos kyseessä on hyvin tärkeä asia niin sitten sinä voit jättää sunnuntain palveluksen väliin."

Sanotaan sitten että kirkon rahastosta vastuussa oleva henkilö sanoo, että: "Voinko minä lainata kirkon varoja henkilökohtaiseen käyttööni? Minä voin maksaa takaisin parissa päivässä." Johtaja opettaa tälle henkilölle jotakin mikä on Jumalan sanan vastaista ja siten vahingoittaa uskonveljensä uskoa jos hän vastaa ja sanoo: "Asialla ei ole väliä kunhan sinä maksat lopulta takaisin."

Pienen ryhmän johtaja voi myös sanoa: "Me elämme nykyään hyvin kiireisessä maailmassa. Kuinka me voisimme muka tavata usein?" Täten hän opettaa uskonveljilleen että kirkon tapaamisia ei tarvitse ottaa vakavasti. Tämä on Jumalan totuuden vastaista ja hän saan uskonveljensä kompuroimaan uskossa (Hepr. 10:25). Raamattu sanoo: *"Mutta jos sokea sokeaa taluttaa, niin he molemmat kuoppaan lankeavat"* (Matteus 15:14).

Joten muille uskoville epätotuuden mukaisen informaation opettaminen ja heidän Jumalan luota kompuroimisensa aiheuttaminen on hengellistä murhaa. Väärän informaation antaminen uskoville voi saada heidät kokemaan koettelemuksia ilman heidän omaa syytään. Tämän tähden asemansa puolesta muita uskovia opettavien kirkon johtajien tulisi rukoilla palavasti Jumalan edessä ja opettaa vain oikeaa tietoutta. Muutoin heidän tulee ohjata heidän kysymyksensä toiselle kirkon johtajalle joka voi saada Jumalalta selvän vastauksen ja ohjata uskovia oikeaan suuntaan.

Myös sellaisten sanojen lausuminen joita ei pitäisi puhua sekä pahojen sanojen lausuminen voi olla hengellistä murhaamista. Muiden tuomitsevien sanojen lausuminen, Saatanan synagoogan luominen juoruilemalla ja jännitteen aiheuttaminen ihmisten välille ovat vain esimerkkejä siitä kuinka toinen ihminen voidaan provosoida vihaamaan tai tekemään pahaa.

Pahinta on kuitenkin juorujen levittäminen Jumalan palvelijoista, kuten pastoreista, tai kirkosta. Nämä juorut voivat saada ihmiset kompuroimaan ja siten niitä levittävät tulevat varmasti tuomituiksi Jumalan edessä.

Joissakin tapauksissa me voimme nähdä kuinka ihmiset vahingoittavat omia sielujaan sydämensä pahuudella. Tästä esimerkkejä ovat esimerkiksi Jeesuksen tappamista yrittäneet juutalaiset (siitä huolimatta että Hän toimi vain totuuden mukaan), ja Jeesuksen juutalaisille 30 hopearahasta kavaltanut

Juudas Iskariot.

Jos henkilö kompuroi nähtyään jonkun toisen heikkouden hänen tulee ymmärtää että hänessä itsessäänkin on tällöin pahuutta. Ajoittain ihmiset katsovat uudesti syntynyttä kristittyä joka ei ole vielä heittänyt pois vanhoja tapojaan ja sanovat: "Ja hän kutsuu itseään kristityksi? Minä en mene kirkkoon jos hän on siellä." Tämänkaltaisissa tilanteissa nämä ihmiset aiheuttavat oman kompuroimisensa. Kukaan muu ei ole saanut tätä aikaan vaan he vahingoitavat itseään omalla pahalla mielellään ja tuomitsemisellaan.

Joissakin tapauksissa ihmiset voivat loitontua Jumalasta jos he pettyvät ihmiseen jonka he ovat uskoneet olevan vahva kristitty, sanoen tämän henkilön toimineen totuuden vastaisesti. He eivät kuitenkaan kompuroisi tai jättäisi pelastuksen tietä jos he vain keskittyisivät Jumalaan ja Herraan Jeesukseen Kristukseen.

On esimerkiksi aikoja jolloin ihmiset takaavat lainan henkilölle johon he luottavat ja jota he arvostavat. Jostakin syystä jokin menee kuitenkin pieleen ja takaaja kohtaa tämän tähden vaikeuksia. Tällaisissa tapauksissa monet pettyvät ja loukkaantuvat suuresti. Heidän tulee ymmärtää että tämänkaltainen tapahtuma todistaa että heidän uskonsa ei ole ollut aitoa uskoa ja niin heidän pitää katua niskoitteluaan. He ovat niskoitelleet Jumalaa vastaan vaikka Hän erikseen kielsi meitä takaamasta lainoja (Sananlaskut 22:26).

Sinun tulee rukoilla myötätuntoisin sydämin ja odottaa että

henkilö muuttuu jos sinä omaat oikeasti hyvän sydämen ja aitoa uskoa ja näet toisen henkilön heikkoudet.

Tämän lisäksi osa ihmisistä voi itse olla itsensä esteenä jos he ovat loukkaantuneet jostakin Jumalan sanaa kuunnellessaan. Jos pastori esimerkiksi saarnaa jostakin tietystä synnistä nämä ihmiset voivat ajatella, että: "Pastori puhuu minusta! Kuinka hän voi tehdä näin kaikkien ihmisten edessä?" Tämä voi olla siitä huolimatta että pastori ei ole koskaan edes kuullut tästä henkilöstä puhumattakaan siitä että hän mainitsisi heidän nimensä. Niin nämä ihmiset voivat jättää kirkon.

Pastori saattaa myös sanoa että kymmenykset kuuluvat Jumalalle ja että Jumala siunaa kymmenyksiä antavia. Jotkut saattavat valittaa että pastori keskittyy liikaa rahaan. Kun pastori todistaa Jumalan voimasta ja Hänen ihmeistään jotkut voivat sanoa: "Tuossa ei ole minusta mitään järkeä" ja valittaa siitä että tämä sanoma ei sovi yhteen heidän tietojensa ja koulutuksensa kanssa. Nämä ovat kaikki esimerkkejä siitä kuinka ihmiset loukkaantuvat itsekseen ja luovat siten itse esteitä sydämeensä.

Jeesus sanoi Matteuksen jakeissa 11:6 seuraavasti: *"Ja autuas on se, joka ei loukkaannu minuun "* ja jakeissa Joh. 11:10 näin: *"Mutta joka vaeltaa yöllä, se loukkaa itsensä, sillä ei hänessä ole valoa."* Hyvän sydämen omaava ja totuutta halaja ei kompuroi tai lankea Jumalasta sillä Hänen sanansa, kirkkaus, on hänen kanssaan. Se että joku kompuroi esteeseensä tai loukkaantuu on merkki siitä että hänessä on yhä pimeyttä jäljellä.

On tietenkin merkki siitä että henkilöllä on heikko usko tai pahuutta sydämessään jos hän loukkaantuu helposti. Mutta myös toista henkilöä loukannut henkilö on vastuussa teoistaan. Jos henkilö toimittaa toiselle viestiä hänen tulisi yrittää tehdä se viisaasti siitä huolimatta että hänen sanansa ovat täyttä totta. Näin hän voi kommunikoida vastaanottajan uskon tasolla.

Kuvittele, että sinä sanot juuri Pyhän Hengen saaneelle uudestisyntyneelle kristitylle seuraavanlaisesti: "Sinun pitää lopettaa polttaminen ja juominen jos sinä haluat pelastua" tai "Sinun ei pidä koskaan avata kauppaa sunnuntaisian" tai "Jos sinä teet syntiä lakkaamalla rukoilemasta sinä rakennat muurin Jumalan ja itsesi väliin. Pidä siis huolta siitä että sinä menet kirkkoon ja rukoilet joka päivä." Tämä on sama kuin sinä syöttäisit vastasyntyneelle vauvalle lihaa. Vaikka tämä tuore kristitty noudattaisi neuvojasi paineen alla, hän luultavasti ajattelisi, että: "Kristittynä oleminen on hyvin vaikeaa." Niin he saattavat tuntea olevansa raskaan taakan alla ja ennemmin tai myöhemmin he luopuvat uskossa kävelemisestä.

Matteus 18:7 sanoo: *"Voi maailmaa viettelysten tähden! Viettelysten täytyy kyllä tulla; mutta voi sitä ihmistä, jonka kautta viettelys tulee!"* Vaikka sinä sanoisitkin jotakin toisen ihmisen hyväksi on hengellistä murhaamista jos sinun sanasi saavat tämän toisen ihmisen loukkaantumaan tai loittonemaan

Jumalasta. Niin sinä tulet väistämättä kohtaamaan jonkinlaisia koettelemuksia maksaaksesi tästä synnistä.

Joten sinun tulee harjoittaa itsekuria jokaisen sanasi kohdalla jos sinä rakastat Jumalaa ja lähimmäisiäsi. Näin sinun sanasi voivat tuoda armoa ja siunauksia kaikille sinua kuunteleville. Sinun tulee yrittää olla huomaavainen jos sinä opastat toista totuudessa. Sinun pitää katsoa saavatko sinun sanasi tämän toisen tuntemaan olonsa raskaaksi tai syytetyksi vai antavatko ne hänelle toivoa ja voimaa soveltaa opetuksia elämäänsä. Näin kaikki sinun opastamasi ihmiset voivat kulkea elämän kirkasta polkua Jeesuksessa Kristuksessa.

Veljen vihaamisen hengellinen murha

Toinen esimerkki hengellisestä murhasta on uskonveljen tai – sisaren vihaaminen.

1. Joh. 3:15 sanoo: *"Jokainen, joka vihaa veljeänsä, on murhaaja; ja te tiedätte, ettei kenessäkään murhaajassa ole iankaikkista elämää, joka hänessä pysyisi."*
Tämä johtuu siitä että murhan juuret ovat vihassa. Aluksi henkilö saattaa vihata toista henkilöä sydämessään. Vihan kasvaessa se voi kuitenkin saada hänet tekemään pahoja tekoja muita kohtaan ja lopulta tämä viha voi saada hänet jopa tekemään murhan. Kainin tapauksessa kaikki alkoi siitä että

Kain alkoi vihata Aabel-veljeään.

Tämän tähden Matteus 5:21-22 sanoo: *"Te olette kuulleet sanotuksi vanhoille: 'Älä tapa', ja: 'Joka tappaa, se on ansainnut oikeuden tuomion.' Mutta minä sanon teille: jokainen, joka vihastuu veljeensä, on ansainnut oikeuden tuomion; ja joka sanoo veljelleen: 'Sinä tyhjänpäiväinen', on ansainnut suuren neuvoston tuomion; ja joka sanoo: 'Sinä hullu', on ansainnut helvetin tulen."*

Kun henkilö vihaa toista henkilöä sydämessään hänen vihansa saattaa saada hänet tappelemaan tätä toista vastaan. Hän saattaa myös tulla kateelliseksi ja mustasukkaiseksi jos hänen vihaamalleen henkilölle tapahtuu jotakin hyvää, ja niin hän saattaa tuomita tämän ja levittää sanaa hänen heikkoudestaan. Hän saattaa pettää ja aiheuttaa tälle henkilölle harmia ja tulla hänen vihollisekseen. Toisen henkilön vihaaminen ja käyttäytyminen häntä kohtaan pahuudella ovat molemmat esimerkkejä hengellisestä murhasta.

Jumala ei ollut vielä lähettänyt Pyhää Henkeä Vanhan testamentin aikoina ja niin ihmisten ei ollut helppoa ympärileikata sydäntään ja tulla pyhäksi. Nyt Uuden testamentin aikana me voimme kuitenkin saada Pyhän Hengen sydämeemme ja niin se antaa meille voimaa hankkiutua eroon jopa kaikkein syvimmistä syntisistä luonteenpiirteistämme.

Pyhä Henki on osa kolminaisuutta, minkä tähden se on kuin

yksityiskohdista tietoinen äiti joka opettaa meille Isä Jumalan sydämestä. Pyhä Henki opettaa meille synnistä, vanhurskaudesta sekä tuomiosta, auttaen meitä näin elämään totuudessa. Tämän tähden me voimme heittää pois jopa synnin ajatuksenkin.

Tämän tähden Jumala ei kiellä lapsiaan vain tekemästä murhaa fyysisesti vaan Hän myös käskee meitä heittämään pois sydämessämme olevan vihan juuren. Me voimme asua Jumalan rakkaudessa ja nauttia Hänen rakkautensa todisteista vasta sitten kun me olemme heittäneet kaiken pahan sydämestämme ja täyttäneet sen rakkaudella (1. Joh. 4:11-12).

Rakastaessamme toista ihmistä me emme näe hänen vikojaan. Me olemme myötätuntoisia häntä kohtaan jos hänellä sattuu olemaan jokin heikkous ja toiveliain sydämin me rohkaisemme häntä ja yritämme antaa hänelle voimaa muuttua. Ollessamme vielä syntisiä Jumala antoi meille tämänkaltaista rakkautta jotta me voisimme saada osaksemme pelastuksen ja päästä taivaaseen.

Meidän ei tule vain noudattaa Hänen käskyään "Älä tapa", vaan meidän tulee myös rakastaa kaikkia ihmisiä, jopa vihollisiammekin, Kristuksen rakkaudella ja nauttia näin aina Jumalan siunauksista. Lopulta me saamme astua taivaan kauneimpaan paikkaan ja asua Jumalan rakkaudessa ikuisesti.

Luku 8
Seitsemäs käsky

———∽∾———

"Älä tee huorin"

Exodus 20:14

"Älä tee huorin."

Vesuvius sijaitsee Etelä-Italiassa. Se oli aktiivinen tulivuori joka päästi aina silloin tällöin höyryä. Ihmisten mielestä se antoi Pompeille kauniin maiseman.

Elokuun 24. päivä vuonna 79 noin keskipäivän aikaan maa alkoi täristä voimakkaammin ja voimakkaammin. Sienen muotoinen pilvi purkautui Vesuviuksesta ja peitti koko Pompeijin taivaan. Suuri räjähdys aukaisi vuoren huipun ja maahan alkoi sataa sulaa laavaa ja tuhkaa.
Minuuttien sisällä lukemattomat ihmiset olivat kuolleet eloonjääjien paetessa kohti merta henkensä edestä. Sitten pahin mahdollinen tapahtui. Tuuli yltyi nopeasti ja alkoi puhaltaa kohti merta.
Taas kerran kuumuus ja myrkkykaasut ympäröivät purkauksesta pelastuneet meren luokse pakenemalla pelastuneet pompeijilaiset. He kaikki kuolivat.

Pompeiji oli kaupunki täynnä himoa ja jumalankuvia. Sen viimeiset päivät muistuttavat meitä Raamatun Sodomasta ja Gomorrasta jotka kohtasivat Jumalan tulen tuomion. Näiden kaupunkien kohtalo on selvä muistutus siitä kuinka paljon Jumala vihaa himokkaita sydämiä ja jumalankuvien palvontaa. Tämä on tuotu selvästi esiin kymmenessä käskyssä.

"Älä tee huorin"

Huorin tekeminen tai haureus tarkoittaa miehen ja naisen välistä kanssakäymistä kun he eivät ole toistensa puolisoita. Kauan aikaa sitten haureutta pidettiin äärimmäisen moraalittomana tekona. Entä sitten tänään? Tietokoneiden ja internetin kehityksen tähden aikuiset ja jopa lapset ovat vain sormen napautuksen päässä himokkaasta materiaalista.

Nykyajan televisiota ja seksiä koskeva etiikka on niin rapistunutta että aistikkaita ja rivoja kohtauksia näytetään televisiossa, elokuvissa ja jopa lasten piirretyissä. Oman kehon paljastaminen leviää nopeasti uutena muotitrendinä. Tämän johdosta väärä tapa suhtautua seksiin leviää nopeasti.

Tutkiskelkaamme seitsemännen käskyn, "Älä tee huorin", merkitystä selvittääksemme asiaan kätkeytyvä totuus. Me teemme tämän kolmessa osassa.

Haureuden tekeminen teoilla

Ihmisten moraaliset arvot ovat nykyään alemmalla tasolla kuin koskaan ennen. Tämä on mennyt niin pitkälle että elokuvissa ja TV-sarjoissa haureus näytetään usein kauniina rakkautena. Nykyään miehet ja naiset jotka eivät ole avioliitossa antavat kehonsa toisilleen helposti ja harrastavat jopa seksiä ennen avioliittoa, ajatellen: "Tämä on hyväksyttävää sillä me menemme tulevaisuudessa naimisiin." Jopa naimisissa olevat miehet ja naiset tunnustavat että heillä on suhteita muiden kuin puolisoidensa kanssa. Mikä pahempaa, seksuaalisia suhteita kokeilevien ikä on yhä nuorempi ja nuorempi.

Lait jotka olivat voimassa aikana jolloin Mooses sai kymmenen käskyä näyttävät kuinka ankarasti haureudesta tuolloin rankaistiin. Jumala on rakkaus, mutta tästä huolimatta haureus on vakava synti. Hän vetää tähän selvästi rajan ja kieltää sen.

3. Moos 20:10 sanoo: *"Jos joku tekee aviorikoksen toisen miehen vaimon kanssa, jos hän tekee aviorikoksen lähimmäisensä vaimon kanssa, niin heidät, sekä avionrikkoja mies että-nainen, rangaistakoon kuolemalla."* Uuden testamentin aikoina haureutta pidetään syntinä joka tuhoaa kehon ja sielun ja kieltää haureuden tekijältä pelastuksen.

"Vai ettekö tiedä, etteivät väärät saa periä Jumalan valtakuntaa? Älkää eksykö. Eivät huorintekijät, ei epäjumalanpalvelijat, ei avionrikkojat, ei hekumoitsijat eikä miehimykset, eivät varkaat, ei ahneet, ei juomarit, ei pilkkaajat eivätkä anastajat saa periä Jumalan valtakuntaa" (1 Korinttolaiskirje 6:9-10).

Tuore uskova voi tehdä tämän synnin sen tähden että hän ei tunne totuutta. Hän voi saada osakseen Jumalan armon ja tilaisuuden katua syntiään. On kuitenkin vaikea saada katumuksen henkeä jos sellainen henkilö tekee tätä syntiä jonka pitäisi olla hengellisesti uskova ja joka on tietoinen Jumalan totuudesta.

3. Moos. 20:13-16 puhuu eläinten kanssa seksuaalisessa suhteessa olemisen synnistä sekä homoseksuaalisuuden synnistä. Nykyään on lukemattomia maita jotka hyväksyvät homoseksuaaliset suhteet. Tämä on kuitenkin kauhistus Jumalan edessä. Jotkut ihmiset voivat sanoa tähän että ajat ovat muuttuneet. Ajat voivat kuitenkin muuttua ja maailma saattaa muuttua mutta Jumalan sana, joka on totuus, ei koskaan muutu. Joten Jumalan lapsen ei tule koskaan tahrata itseään seuraamalla tämän maailman virtauksia.

Haureuden tekeminen mielessä

Puhuessaan haureuden tekemisestä Jumala ei puhu ainoastaan fyysisestä haureuden tekemisestä. Heureuden tekeminen fyysisesti on selvästi haureutta mutta myös moraalittomien tekojen kuvitteleminen tai katsominen on haureutta.

Himokkaat ajatukset herättävät himokkaan sydämen mikä puolestaan on haureuden tekemistä sydämessä. Jumala katsoo ihmisten sydämen syvyyksiin. Hän pitää tätä saman kuin fyysistä haureuden tekemistä jos mies esimerkiksi katsoo naista ja tekee hänen kanssaan haureutta sydämessään. Tämä on näin siitä huolimatta että mies ei ehkä ole tehnyt mitään tämän mukaisia fyysisiä tekoja.

Matteus 5:27-28 sanoo: *"Te olette kuulleet sanotuksi: 'Älä tee huorin.' Mutta minä sanon teille: jokainen, joka katsoo naista himoiten häntä, on jo sydämessään tehnyt huorin hänen kanssansa."* Sen jälkeen kun syntinen ajatus on astunut henkilön mieleen se siirtyy hänen sydämeensä ja muuttuu teoiksi. Ihminen ei ala tekemään toista vahingoittavia tekoja ennen kuin viha on astunut hänen omaan sydämeensä. Hän ei myöskään suutu tai kiroa ennen kuin hänen sydämessään oleva viha on kasaantunut ja tiivistynyt.

Samalla tavalla henkilön sydämessä oleva haureuden himo voi muuttua helposti fyysiseksi haureudeksi. Hän on jo tehnyt haureutta jos hän on tehnyt sitä sydämessään, sillä molempien näiden syntien juuret ovat samassa paikassa.

Seminaarini ensimmäisenä vuotena minä järkytyin kerran suuresti kuunnellessani eräiden pastoreiden puhetta. Tähän saakka minä olin aina rakastanut ja kunnioittanut pastoreita ja kohdellut heitä niin kuin minä olisin kohdellut Herraa. Kiivaan keskustelun päätteeksi he kuitenkin tulivat siihen johtopäätökseen että "haureuden tekeminen sydämessä ei ole syntiä kunhan se ei ole tahallista."

Jumala antoi meille käskyn "Älä tee huorin." Eikö Hän kuitenkin antanut sitä meille jotta me eläisimme sen mukaisesti? Jeesus sanoi, että kuka tahansa joka katsoo naista himo sydämessään on tehnyt syntiä sydämessään. Meidän tulee siis heittää pois nämä himokkaat ajatukset. Tästä ei ole mitään muuta sanottavaa. Tämän tekeminen on kyllä hankalaa omin ihmisvoiminemme, mutta rukoilemalla ja paastoamalla me voimme saada Jumalalta armoa jonka avulla me voimme heittää himon pois helposti sydämestämme.

Jeesus kantoi piikkikruunua ja vuodatti verensä pestääkseen pois meidän ajatuksin ja teoin tekemämme synnit. Jumala lähetti meille Pyhän Hengen jotta me voisimme heittää syntiset luonteenpiirteet sydämestämme. Mitä me sitten voimme tehdä heittääksemme himomme pois sydämestämme?

Himon sydämestämme poisheittämisen vaiheet

Sanokaamme esimerkiksi että kaunis nainen tai komea mies kulkee ohitsesi. Sinä ajattelet: "Onpa hän komea" tai "Onpa hän kaunis" ja "Minä haluaisin mennä hänen kanssaan ulos." Monet eivät pitäisi näitä ajatuksia himokkaina tai haureina. On kuitenkin himon merkki jos joku kuitenkin lausuu nämä sanat niitä todella tarkoittaen. Meidän pitää käydä prosessi jonka kautta me kamppailemme tätä syntiä vastaan tunnollisesti voidaksemme heittää jopa nämä himon aavistukset.

Normaalisti mitä kovemmin sitä yrität olla ajattelematta jotakin sitä enemmän se nousee mieleesi. Mielikuva miehestä ja naisesta tekemässä moraalittomia tekoja ei jätä sinun mieltäsi jos sinä olet nähnyt heitä esittävän kuvan. Tämä kuva pysyy sinun mielessäsi sitä kauemmin mitä voimakkaammin se kaivautui sydämeesi.

Mitä me voimme sitten tehdä heittääksemme nämä himokkaat ajatukset mielestämme? Ensinnäkin, meidän täytyy tehdä parhaamme välttääksemme pelejä, lehtiä ja muita vastaavia jotka pitävät sisällään kuvia jotka saavat meidät ajattelemaan lihallisia ajatuksia. Meidän pitää myös ajatelle jotakin muuta kun nämä himokkaat ajatukset nousevat päähämme. Sanotaan että himokas ajatus nousee mieleesi. Sen sijaan että sinä antaisit sen kehittyä sinun tulisi yrittää tukahduttaa se saman tien.

Muuttaessasi tämänkaltaiset ajatukset hyviksi, totuuden mukaisiksi ja Jumalaa miellyttäviksi, ja rukoillessasi jatkuvasti Hänen apuaan pyytäen Hän tulee varmasti antamaan sinulle voimaa taistella näitä kiusauksia vastaan. Jumalan armo ja voima laskeutuvat sinuun niin kauan kun sinä olet halukas niiden saamiseen ja sinä rukoilet palavasti. Pyhän Hengen avulla sinä voit heittää nämä syntiset ajatukset pois.

Tässä on kuitenkin tärkeää muistaa että sinun ei pidä lopettaa yhden tai kahden yrityksen jälkeen. Sinun pitää rukoilla jatkuvasti uskossa katkeraan loppuun saakka. Tämä voi kestää kuukauden, vuoden tai jopa kaksi tai kolme vuotta. Ajan pituudesta huolimatta sinun pitää aina luottaa Jumalaan ja rukoilla jatkuvasti. Tällöin Jumala antaa sinulle voimaa päihittää ja heittää eräänä päivänä sydämesi himon pois lopullisesti.

Ohitettuasi vaiheen jossa sinä voi "pysäyttää väärät ajatukset" sinä astut uuteen vaiheeseen jossa sinä voit "hallita sydäntäsi." Tässä vaiheessa sinä päätät himokkaita kuvia nähdessäsi, että: "On parempi että minä en ajattele tätä." Tällöin ajatukset eivät nouse mieleesi. Sydämen haureus nousee ajatusten ja tunteiden yhdistelmästä. Jos sinä voit siis hallita ajatuksiasi nämä tunteista lähtöisin olevat synnit eivät voi astua sydämeesi.

Seuraavassa vaiheessa "epäpuhtaat ajatukset eivät tapahdu" enää. Sinä voit nähdä himokkaan kuvan mutta sinun mielesi ei enää ole sille altis ja niin himo ei pääse sinun sydämeesi. Seuraavassa vaiheessa "sinä et voi saada epäpuhtaita ajatuksia edes tahallasi."

Saavutettuasi tämän vaiheen sinä et voi ajatella epäpuhtaita ajatuksia vaikka sinä haluaisit. Sinä olet repinyt tämän synnin ulos juurineen ja niin sinä et koe mitään tunteita tai ajatuksia kun sinä näet himoja herättävän kuvan. Tämä tarkoittaa sitä että epätotuuden mukaiset, tai jumalattomat, mielikuvat eivät pääse enää sinun mieleesi.

Käydessäsi läpi näitä synnin poisheittämisen vaiheita sinä saatat tietenkin olla tilanteessa jossa sinä luulet heittäneesi kaiken jo pois mutta synti silti hiipii jollakin tapaa takaisin.

Sinä et kuitenkaan seesty uskosi marssissa jos sinä uskot Jumalan sanaan ja haluat noudattaa Hänen käskyjään ja heittää sinun syntisi pois. Tämä on kuin sipulin kuorimista. Kuorittuasi kerroksen tai kaksi sinusta saattaa tuntua etteivät ne koskaan muutu mutta vain muutamaa kerrosta myöhemmin sinä huomaat jo kuorineesi kaikki kerrokset pois.

Itseään uskolla tutkiskelevat uskovat eivät pety ja ajattele: "Minä yritin niin kovasti mutta minä en pysty heittämään tätä syntiä vieläkään pois." Heidän pitäisi päinvastoin uskoa voivansa muuttua sen mukaan kuinka paljon syntiä he heittävät pois. Tämä mielessään heidän pitäisi yrittää yhä enemmän. Sinun pitäisi olla kiitollinen siitä että sinä saat nyt tilaisuuden hankkiutua syntisestä luonteenpiirteestäsi eroon jos sinä tajuat omaavasi sellaisen.

Älä ole huolissasi jos himokkaat ajatukset nousevat päähäsi käydessäsi läpi näitä himon poisheittämisen vaiheita. Jumala ei pidä tätä haureuden tekemisenä. Tästä tulee suuri synti jos sinä nautit tästä ajatuksesta ja annat sen kehittyä edelleen, mutta Jumala katsoo sinuun armahtaen ja antaa sinulle voimaa tämän synnin voittamiseen jos sinä kadut heti saman tien ja jatkat yritystäsi tulla pyhittyneeksi.

Hengellisen haureuden tekeminen

Haureuden tekeminen fyysisesti on lihallista haureutta mutta vielä fyysistä haureuttakin pahempaa on hengellinen haureus. "Hengellinen haureus" on sitä että henkilö rakastaa maailmaa

Jumalaa enemmän mutta väittää silti olevansa uskovainen. Perimmäinen syy fyysisen haureuden tekemiseen on se että henkilö sydämessään rakastaa lihallisia nautintoja Jumalaa enemmän.

Kolossalaiskirje 3:5-6 sanoo: *"Kuolettakaa siis maalliset jäsenenne: haureus, saastaisuus, kiihko, paha himo ja ahneus, joka on epäjumalanpalvelusta, sillä niiden tähden tulee Jumalan viha."* Tämä tarkoittaa että siitä huolimatta että me olemme saaneet Pyhän Hengen, kokeneet Jumalan ihmeitä ja omanneet uskoa meillä on taipumus rakastaa maailmaa Jumalaa enemmän jos me emme heitä synnin himojen syntejä pois sydämestämme.

Me opimme toisen käskyn kohdalla että jumalankuvien palvomisen hengellinen tulkinta on jonkin rakastaminen Jumalaa enemmän. Mitä eroa "hengellisellä jumalankuvien palvonnalla" ja "hengellisellä haureudella?"

Epäjumalien palvominen on sitä että ihmiset jotka eivät tunne Jumalaa luovat jonkinlaisen kuvan ja palvovat sitä. "Epäjumalien palvomisen" hengellinen tulkinta on että heikon uskon omaavat maallisia asioita enemmän kuin Jumalaa.

Tuoreet uskovat voivat olla vielä uskossaan heikkoja ja he saattavat rakastaa maailmaa Jumalaa enemmän. He saattavat kysellä mielessään: "Onko Jumala todella olemassa?" tai "Ovatko taivas ja helvetti todella olemassa?" Heissä asuu vielä jonkin verran epäilyä, ja niin heidän on vaikea elää sanan mukaan. He voivat yhä rakastaa rahaa, mainetta tai perhettään Jumalaakin enemmän, ja niin he tekevät epäjumalan palvomisen syntiä.

Kuunnellessaan Jumalan sanaa enemmän ja rukoillessaan ja kokiessaan Jumalan vastaavan rukouksiinsa he alkavat ymmärtää että Raamattu on totta. Sitten he voivat todella uskoa että taivas ja helvetti ovat oikeassa. He kuitenkin tekevät "hengellistä haureutta" jos heidän uskonsa kasvaa tällä tavalla mutta he silti jatkavat maailmallisten asioiden jahtaamista ja rakastamista.

Sanotaan esimerkiksi että miehellä on yksinkertainen ajatus. "Olisipa mukavaa mennä tuon naisen kanssa naimisiin", hän ajattelee. Tässä tapauksessa me emme voi sanoa että tämä nainen tekee haureutta. Tämä toiveliaan ajatuksen ajatellut mies on pelkästään ihastunut eikä naisella ole suhdetta tähän mieheen joten me emme voi sanoa että hän tekisi haureutta. Tarkalleen ottaen tämä nainen on vain epäjumala miehen sydämessä.

Sanotaan sitten että mies ja nainen tapailevat toisiaan, tunnustavat rakastavansa toisiaan ja sitten menevät naimisiin. Jos naisella olisi tämän jälkeen moraaliton suhde toiseen mieheen hän tekisi tällöin haureutta. Joten hengellinen jumalankuvien palvominen ja hengellinen haureus vaikuttavat samanlaisilta mutta ne ovat kuitenkin kaksi täysin eri asiaa.

Jumalan ja israelilaisten välinen suhde

Raamattu vertaa israelilaisten ja Jumalan välistä suhdetta isän ja hänen lapsiensa väliseen suhteeseen. Tätä suhdetta verrataan myös miehen ja naisen väliseen suhteeseen. Tämä johtuu siitä että heidän suhteensa on verrattavissa rakkauden liiton tehneen pariskunnan suhteeseen. Katsoessasi Israelin historiaa sinä kuitenkin näet kuinka Israelin kansa on unohtanut tämän liiton useaan otteeseen ja palvonut vieraita jumalia.

Pakanat palvoivat epäjumalia sen tähden että he eivät tunteneet Jumalaa. Israelilaiset kuitenkin tunsivat Jumalan alusta alkaen mutta palvoivat vieraita epäjumalia itsekkäästä halustaan.

Tämän tähden 1. Aik. 5:25 sanoo seuraavasti: *"Mutta he tulivat uskottomiksi isiensä Jumalaa kohtaan ja juoksivat haureudessa maan kansojen jumalain jäljessä, niiden kansojen, jotka Jumala oli hävittänyt heidän edestänsä."* Tämä sanoo että israelilaisten epäjumalanpalvelus oli itse asiassa hengellistä haureutta.

Jeremia 3:8 sanoo: *"Ja minä näin, että, vaikka minä olin lähettänyt pois tuon luopiovaimon, Israelin, juuri sen tähden, että hän oli tehnyt aviorikoksen, ja olin antanut hänelle erokirjan, ei kuitenkaan uskoton Juuda, hänen sisarensa, peljännyt, vaan meni ja harjoitti haureutta hänkin."* Salomonin synnin johdosta hänen poikansa Rehoboamin valtakaudella

Israel jakaantui Pohjois-Israeliin ja Etelä-Israeliin. Pian tämän jakaantumisen jälkeen Pohjois-Israel alkoi tehdä hengellistä haureutta palvomalla epäjumalia, ja tämän johdosta heidät hylättiin ja tuhottiin Jumalan vihan toimesta. Nähtyään mitä Pohjois-Israelille tapahtui myös eteläinen Juuda jatkoi epäjumalien palvomista sen sijaan että he olisivat katuneet.

Kaikki Jumalan lapset elävät nyt Uuden testamentin aikaa ja ovat Jeesuksen Kristuksen morsiamia. Tämän tähden apostoli Paavali tunnusti että hän teki raatoi valmistaakseen uskovat puhtaiksi Kristuksen, heidän ylkänsä, morsiamiksi, jotta he olisivat valmiita Hänen kohtaamiseensa (2. Korinttolaiskirje 11:2).

Joten jos uskovat kutsuu Herraa "Ylkäkseni" samalla kun hän jatkaa maailman rakastamista ja elää totuuden ulkopuolella, tällöin hän tekee hengellistä haureutta (Jaak 4:4). On suuri vaikeasti anteeksi annettava synti jos aviomies tai –vaimo pettää puolisoaan ja tekee fyysistä haureutta. Kuinka paljon suurempi synti onkaan jos joku pettää Jumalan ja Herran ja tekee hengellistä haureutta.

Jeremian luvussa 11 Jumala sanoo että Jeremialle että tämän ei pidä rukoilla Israelin puolesta sillä Israelin kansa oli kieltäytynyt lopettamasta hengellisen haureuden tekemistä. Hän jopa sanoi että Hän ei kuuntelisi Israelin kansaa vaikka he huutaisivat häntä avukseen.

Joten hengellistä haureutta tekevä henkilö ei pysty kuulemaan Pyhän Hengen ääntä jos tämän hengellinen haureus saavuttaa tietyn pisteen. Henkilön rukousta ei tällöin enää kuunnella huolimatta siitä kuinka kovasti hän rukoilee. Mitä kauemmaksi henkilö harhaantuu Jumalasta sitä maailmallisemmaksi hän muuttuu, ja niin hän päätyy tekemään kuolemaan johtavia fyysisen haureuden kaltaisia vakavia syntejä. Heprealaiskirjeen luku 6 ja 10 sanovat että tämä on sama kuin Jeesuksen Kristuksen naulitseminen ristille uudelleen, ja niin se on kuolemaa kohti kulkemista.

Joten meidän tulee heittää haureuden synnin hengessä, mielessä tai fyysisesti tekeminen pois ja täyttää Herran morsiamelta vaadittavat piirteet pyhällä käytöksellä ilman tahraa tai nuhdetta. Näin me voimme elää siunattua elämää joka tuottaa iloa meidän Isämme sydämeen.

Luku 9
Kahdeksas käsky

"Älä varasta"

Exodus 20:15

"Älä varasta."

Se kuinka me noudatamme kymmentä käskyä vaikuttaa suoraan meidän pelastukseemme ja kykyymme voittaa, päihittää ja hallita paholais-vihollisen ja Saatanan voimaa. Se, noudattivatko israelilaiset kymmentä käskyä vai ei, määritteli sen kuuluivatko he Jumalan valittuun kansaan vai ei.

Samalla tavalla myös meidän Jumalan lasten pelastuminen riippuu siitä noudatammeko me Jumalan sanaa vai emme. Tämä johtuu siitä että meidän kuuliaisuutemme Jumalan käskyille luo meidän uskomme tason. Joten kymmenen käskyn noudattaminen on sidottu meidän pelastukseemme ja nämä käskyt ovat myös Jumalan meitä kohtaan tunteman rakkauden ja Hänen meille antamien siunauksien osoitus.

"Älä varasta"

Vanha korealainen sananlasku sanoo: "Neulavarkaasta tulee lehmän varastaja." Tämä tarkoittaa sitä että pienestä rikoksesta rangaistuksetta selvinnyt henkilö jatkaa negatiivisten tekojen tekemistä, ja pian hän saattaa päätyä tekemään suurempia ja pahempia rikoksia joiden seuraukset ovat yhä negatiivisempia. Tämän tähden Jumala sanoo: "Älä varasta."

Tämä on tarina joka kertoo miehestä nimeltään Fu Pu-ch'i, jota kutsuttiin nimillä "Tsze-tsien" tai "Tzu-chien." Hän oli yksi Kunfutsen opetuslapsista ja Lun osavaltiossa olevan Tan-fun päällikkö Kiinan Chunqiu-kauden (kevät ja syksy) sekä Sotaisan kauden aikana. Hän kuuli että viereisen Qi-nimisen osavaltion sotilaat aikoivat hyökätä ja määräsi että kuningaskunnan muurit piti sulkea tiukasti.

Tämä tapahtui sadonkorjuun aikana ja maanviljelijöiden sadot olivat kypsiä korjattaviksi. Ihmiset kysyivät: "Voimmeko me korjata sadon pelloilta ennen muurien sulkemista ja vihollisen saapumista?" Fu Pu-ch'i ei kuunnellut kansan pyyntöä vaan sulki muurit. Tämän johdosta kansa suuttui häneen väittäen hänen suosivan vihollisiaan. Niin kuningas kutsui hänet luokseen tutkittavaksi. Kuningas kysyi häneltä hänen teoistaan ja Fu Pu-ch'i vastasi: "Totta, on suuri menetys että meidän vihollisemme sai meidän koko satomme mutta jos kansamme olisi kiireessään tottunut korjaamaan pelloilta satoa joka ei heille kuulu, tämän tavan rikkominen tulisi olemaan vaikeata vielä jopa kymmenen vuoden kuluttua." Näillä sanoilla Fu Pu-ch'i ansaitsi kuninkaansa suuren arvostuksen ja ihailun.

Fu Pu-ch'i olisi voinut sallia kansansa pyynnön korjata sadon mutta tämä olisi voinut opettaa heidät oikeuttamaan muiden pellolta varastamisen. Tästä aiheutuvat pitkän aikavälin seuraamukset olisivat olleet sekä kuningaskunnalle että sen kansalle paljon haitallisempia. Joten "varastaminen" tarkoittaa jonkin käsittelemistä väärällä tavalla ja väärin motivaatioin, jonkin ottamista mikä ei kuulu sinulle tai salaa jonkun muun omaisuuden pitämistä.

Jumalan käsittelemä "varastaminen" pitää sisällään myös syvemmän ja laajemman hengellisen merkityksen. Mitä sitten tähän kahdeksannen käskyn "varastamiseen" oikein lukeutuu?

Toisten omaisuuden ottaminen: varastamisen fyysinen määritelmä

Raamattu kieltää varastamisen ja se asettaa tiettyjä sääntöjä sen suhteen kuinka tulisi toimia jos joku kuitenkin varastaa (Exodus 22).

Varkaan täytyy maksaa omistajalle tuplasti sen mitä hän on vienyt jos varastettu eläin löytyy varkaan hallusta. Jos henkilö kuitenkin varastaa eläimen ja teurastaa sen, hänen täytyy maksaa omistajalle viisinkertaisesti takaisin härästä ja nelinkertaisesti lampaasta. Oli esine sitten kuinka pienin tahansa, toisen omaisuuden ottaminen on varastamista jota jopa yhteiskunta pitää rikoksena ja josta tulee tiettyjä seuraamuksia.

Selvien varkaustapauksien lisäksi on tapauksia joissa henkilö voi varastaa vahingossa. Me voimme esimerkiksi jokapäiväisen elämämme aikana käyttää muiden tavaroita heiltä lupaa pyytämättä ja asiaa ajattelematta. Me emme kenties tunne edes syyllisyyttä tämän käyttämisestä ilman lupaa sillä me olemme joko hyvin läheisiä tämän henkilön kanssa tai sitten käyttämämme esine ei ole kovinkaan arvokas.

Tämä sama pätee siihen kun me käytämme puolisomme esineitä ilman lupaa. Meidän tulee aina palauttaa esine saman tien jos me olemme käyttäneet sitä luvatta jopa sellaisessa tilanteessa jossa sen käyttäminen on välttämätöntä. Usein me emme kuitenkaan palauta esinettä ollenkaan.

Tässä ei ole kyseessä ainoastaan vahingon tuottamisesta jollekin. Kyse on toisen hengen kunnioittamisesta. Ihmiskunta ei ehkä pidä tätä vakavana rikoksena mutta Jumalan silmissä tämä on varastamista. Puhtaan omatunnon omaava tuntee asiasta syyllisyyttä jos hän esineen pienuudesta tai arvottomuudesta huolimatta ottaa toiselta jotakin.

Varastamisen tai väkipakolla ottamisen lisäksi toisen omaisuuden ottaminen sopimattomalla tavalla on myös varastamista. Asemansa tai valtansa käyttäminen lahjuksen saamiseksi kuuluu myös tähän kategoriaan. Exodus 23:8 varoittaa: *"Äläkä ota lahjusta, sillä lahjus sokaisee näkevät ja vääristää syyttömien asiat."*

Hyvän sydämen omaavat kauppiaat tuntevat olonsa syylliseksi jos he veloittavat asiakkaaltaan liikaa tai kiristävät itselleen enemmän voittoa. He eivät varasta toisen henkilön omaisuutta salaa mutta tästä huolimatta tämä lasketaan varastamiseksi sillä he ovat ottaneet enemmän kuin reilun osansa.

Hengellinen varastaminen: Jumalalle kuuluvan ottaminen

Toiselle kuuluvan omaisuuden luvatta ottamisen "varastamisen" lisäksi on myös "hengellistä varastamista", eli Jumalalle kuuluvan asian luvatta ottamista. Tämä voi vaikuttaa henkilön pelastumiseen.

Juudas Iskariot, yksi Jeesuksen opetuslapsista, oli vastuussa uhreista jotka ihmiset olivat antaneet heille sen jälkeen kun Jeesus oli parantanut tai siunannut heitä. Ajan pitkään ahneus kuitenkin astui hänen sydämeensä ja hän alkoi varastaa (Joh. 12:6).

Johanneksen evankeliumin luvussa 12 Jeesus vierailee Siimonin talossa Betaniassa. Täällä eräs nainen tuli ja kaatoi hajuvettä Jeesuksen päälle. Tämän nähtyään Juudas torui naista, kysyen miksi hän ei myynyt hajuvettä ja antanut rahoja köyhille. Hän, rahapussin vartija, olisi voinut saada nämä rahat käyttöönsä jos tämä hajuvesi olisi myyty. Nyt se kuitenkin kaadettiin Jeesuksen jaloille ja niin hänestä tuntui että tämä arvokas aine valui hukkaan.

Lopulta rahan orjaksi joutunut Juudas kavalsi Jeesuksen kolmestakymmenestä hopearahasta. Hän sai tilaisuuden olla Jeesuksen opetuslapsi mutta sen sijaan varasti Jumalalta ja myi opettajansa, kasaten näin korkeamman kasan syntejä. Ikävä kyllä hän ei myöskään pystynyt saamaan katumuksen henkeä ennen kuin hän otti oman henkensä ja kohtasi kurjan lopun (Ap.t. 1:18).

Tämän tähden meidän tulee tutkiskella tarkemmin mitä tapahtuu jos me varastamme Jumalalta.

Ensimmäisessä tapauksessa joku laittaa kätensä kirkon rahastoon.

Jopa ei-uskova tuntee väistämättä jonkinlaista pelkoa sydämessään jos hän varastaa kirkolta. Kuinka uskova voi sitten sanoa omaavansa tarpeeksi uskoa pelastuakseen jos hän kerran laittaa kätensä Jumalan rahoihin?

Jumala näkee kaiken vaikka ihmiset eivät saisi tätä koskaan selville. Oikean hetken koittaessa Hän tulee suorittamaan oikeudenmukaisen tuomionsa ja niin tämä varas joutuu maksamaan synnistään. Kuinka kauheaa olisikaan jos tämä varas ei pystyisi katumaan syntejään ja kuolisi ilman pelastusta? Tuolloin olisi jo liian myöhäistä vaikka hän kuinka hakkaisi rintaansa ja katuisi tekojaan. Hänen ei olisi pitänyt koskea Jumalan rahoihin.

Toisessa tapauksessa joku väärinkäyttää kirkon omaisuutta tai sen rahoja.

Henkilön ei tarvitse ottaa Jumalalle annettuja uhreja varastaakseen Jumalalta. Myös lähetysrinkien jäsenmakujen tai muiden lahjoitusten ottaminen omaan käyttöönsä lasketaan

Jumalalta varastamiseksi. On myös varastamista jos henkilö ostaa kirkolle toimistotarvikkeita tai paperitarvikkeita ja sitten käyttää niitä omiin tarpeisiinsa.

Kirkon tarvikkeiden haaskaaminen, kirkon rahojen käyttäminen tarvikkeiden ostamiseen ja vaihtorahojen käyttäminen johonkin muuhun kirkolle palauttamisen sijaan tai kirkon puhelimen, sähkön, laitteiden, huonekalujen tai muiden tavaroiden käyttäminen omaksi hyödykseen ovat myös kirkon omaisuuden väärinkäytön muotoja.

Meidän täytyy myös pitää huolta siitä että lapset eivät revi tai taittele uhrikirjekuoria, kirkon ilmoitusjulisteita tai lehtiä huvikseen tai leikkiensä ohella. Osa voi olla sitä mieltä että nämä ovat vähäisiä ja pieniä rikkeitä, mutta hengellisellä tasolla tämä on kaikki Jumalalta varastamista ja näistä teoista voi tulla synnin este meidän ja Jumalan välille.

Kolmas tapaus on kymmenysten ja uhrien varastaminen.

Malakia 3:8-9 sanoo: *"Riistääkö ihminen Jumalalta? Te kuitenkin riistätte minulta. Mutta te sanotte: 'Missä asiassa me sinulta riistämme?' Kymmenyksissä ja antimissa. Te olette kirouksella kirotut, kun te, koko kansa, riistätte minulta!"*

Kymmenysten antaminen tarkoittaa sitä että me annamme Jumalalle kymmenysosan tuloistamme merkkinä siitä että me ymmärrämme että Hän on kaiken maallisen Mestari ja että Hän hallitsee meidän elämäämme. Tämän tähden me varastamme Jumalalta ja kirous hiipii elämäämme jos me sanomme uskovamme Häneen mutta emme anna kymmenyksiä. Tämä ei tarkoita että Jumala kiroaisi meitä. Tämä tarkoittaa sitä että Saatana syyttää meitä tästä väärästä teosta ja että Jumala ei voi suojella meitä sillä me rikomme Jumalan omaa hengellistä lakia. Näin me voimme kokea taloudellisia ongelmia, kiusauksia, yllättäviä katastrofeja tai sairauksia.

Malakia 3:10 sanoo tästä näin: *"Tuokaa täydet kymmenykset varastohuoneeseen, että minun huoneessani olisi ravintoa, ja siten koetelkaa minua, sanoo Herra Sebaot: totisesti minä avaan teille taivaan akkunat ja vuodatan teille siunausta ylenpalttisesti."* Jumala antaa meille lupaamansa siunauksia ja suojelusta kun me annamme Hänelle täydet kymmenykset.

Osa ihmisistä jää paitsi Jumalan suojeluksesta sillä he eivät anna täysiä kymmenyksiä. Ihmiset eivät ota huomioon muita tulon lähteita ja laskevat kymmenyksensä nettopalkastaan sen jälkeen kun kaikki vähennykset ja verot on jo maksettu.

Kymmenysten antaminen tarkoittaa kymmenysten antamista kaikista tuloistamme. Sivutoimista saamamme palkka, rahalahjat ja illalliskutsut ovat kaikki henkilökohtaisia lahjoja ja niin meidän tulisi laskea kymmenys niiden arvosta ja antaa tämä Herralle.

Joissakin tapauksissa ihmiset laskevat kymmenyksensä mutta

uhraavat ne Jumalalle erilaisena uhrina, kuten esimerkiksi lähetys- tai hyväntahdon uhrina. Tämä on silti Jumalalta varastamista sillä kyseessä ei ole kunnollinen kymmenys. On kirkon talousosaston asia kuinka se käyttää nämä uhrit mutta on meidän velvollisuutemme antaa kymmenyksemme kunnollisessa muodossa.

Me voimme antaa myös muita uhreja kiitosuhreina. Jumalan lapsilla on paljon josta olla kiitollisia. Kuinka kiitollisia me voimme ollakaan kun me saamme pelastuksen lahjan päästä taivaaseen, erilaisia kirkon velvollisuuksia joiden avulla me voimme saada palkkioita taivaassa, sekä Jumalan suojeluksen ja siunauksia joka hetki ollessamme tämän maan päällä.

Tämän tähden me saavumme Jumalan eteen joka päivä erilaisten kiitosuhrien kanssa, kiittäen Jumalaa siitä että Hän on suojellut meitä taas yhden viikon ajan. Me annamme myös erikoisuhrin Jumalalle raamatullisten juhlien aikana tai hetkinä jolloin meillä on erikoissyy olla Hänelle kiitollisia.

Jokapäiväisessä elämässämme me emme ole ihmisille kiitollisia vain sydämessämme vaan me tahdomme antaa ihmisille jotakin vastalahjaksi kun joku auttaa tai palvelee meitä tavallista enemmän. Samalla tavalla on vain luonnollista että me haluamme uhrata Jumalalle jotakin näyttääksemme Hänelle että me arvostamme sitä että Hän on antanut meille pelastuksen ja valmistanut taivaan meitä varten (Matteus 6:21).

On merkki siitä että henkilö on yhä maallisten asioiden suhteen jos hän sanoo omaavansa uskoa mutta on silti kitsas Jumalalle antamisen suhteen. Tämä näyttää että hän rakastaa maallisia asioita Jumalaa enemmän. Tämän tähden Matteus 6:24 sanoo: *"Ei kukaan voi palvella kahta herraa; sillä hän on joko tätä vihaava ja toista rakastava, taikka tähän liittyvä ja toista halveksiva. Ette voi palvella Jumalaa ja mammonaa."*
Me olemme paljon alttiimpia liukumaan uskossamme taaksepäin kuin liikkua eteenpäin jos me olemme kypsiä kristittyjä mutta rakastamme silti maallisia asioita Jumalaa enemmän. Kerran saamastamme laupeudesta tulee vain haikea muisto, kiitollisuudenaiheet kutistuvat ja ennen kuin me edes huomaamme, meidän uskomme kutistuu niin että jopa meidän pelastumisemme on vaarassa.

Aito kiitoksen ja uskon uhrin aromi miellyttää Jumalaa. Jokaisen uskon mitta on eri ja Jumala tuntee jokaisen tilanteen ja näkee jokaisen sydämen sisimpään. Joten uhrin koko tai määrä ei ole Jumalalle tärkeää. Muista että Jeesus ylisti leskeä joka uhrasi ainoastaan omistamansa kaksi ropoa (Luukas 21:2-4).

Jumala siunaa meitä monilla siunauksilla ja kiitollisuuden aiheilla kun me miellytämme Häntä tällä tavalla, ja näin meidän antamiamme uhreja ei voida edes verrata meidän Häneltä saamiimme siunauksiin. Jumala pitää huolen siitä että meidän sielumme kukoistaa ja Hän siunaa meitä niin että meidän elämämme ovat yhä ylitsevuotavampia kiitollisuuden aiheista. Jumala siunaa meitä 30-, 60-, ja 100-kertaisesti antamiimme uhreihin verattuna.

Otettuani Jeesuksen Kristuksen vastaan ja opittuani että meidän tulee antaa täydet kymmenykset ja uhrit Jumalle minä aloin noudattaa tätä välittömästi. Seitsemän sairauden vuoteni aikana minä olin kerännyt paljon velkoja mutta tästä huolimatta minä uhrasin Jumalalle aina niin paljon kun mahdollista sillä minä olin niin kiitollinen vaivani parantaneelle Jumalalle. Sekä minun vaimoni että minä kävimme molemmat töissä mutta tästä huolimatta me pystyimme vaivoin maksamaan edes korkojamme. Tästä huolimatta me emme koskaan menneet jumalanpalvontaan tyhjin käsin.

Me uskoimme kaikkivaltiaaseen Jumalaan ja noudatimme Hänen sanaansa ja niin Hän auttoi meitä maksamaan raskaan velkamme pois muutamassa kuukaudessa. Ajan mittaan me saimme myös kokea kuinka Hän valutti loppumattomia siunauksia meidän päällemme niin että me saimme elää yltäkylläisyydessä.

Neljäs tapaus on Jumalan töiden varastaminen.

Jumalan töiden varastaminen tarkoittaa väärän profetian tekemistä Jumalan nimessä (Jeremia 23:30-32). On esimerkiksi ihmisiä jotka varastavat Hänen sanaansa sanomalla että he ovat kuulleet Hänen äänensä ja puhuvat tulevaisuudesta kuin ennustaja, tai sanovat liiketoimissaan jatkuvasti epäonnistuneelle että "Jumala sai sinun liikeyrityksesi epäonnistumaan sillä Hän haluaa sinun alkavan pastoriksi sen sijaan että sinä johtaisit yritystä."

On myös Jumalan töiden varastamista jos joku näkee omien ajatustensa innoittaman unen tai näyn ja sitten sanoo: "Jumala antoi minulle tämän unen" tai "Jumala antoi minulle tämän näyn." Tämä kuuluu myös Jumalan nimen väärin käyttämisen kategoriaan.

On tietenkin hyvä ymmärtää Jumalan tahtoa Pyhän Hengen tekojen avulla ja julistää Hänen sanaansa. Meidän tulee kuitenkin tarkistaa olemmeko me Jumalan edessä hyväksyttäviä ennen kuin me teemme näin. Tämä johtuu siitä että Jumala ei puhu kenelle tahansa. Hän voi puhua ainoastaan sellaisille ihmisille joiden sydämessä ei ole pahuutta. Tämän tähden meidän täytyy pitää huolta siitä että me emme varasta Jumalan sanoja ollessamme omiin ajatuksiimme uppoutuneita.

On merkki siitä että meidän täytyy tutkiskella itseämme uudelleen jos meidän omatuntomme kolkuttaa tai me häpeämme tai olemme nolostuneita kun me otamme jotakin tai teemme jotakin. Me podemme huonoa omatuntoa sen tähden että me olemme kenties ottamassa itsekkäiden motiiviemme tähden jotakin mikä ei kuulu meille, ja Pyhä Henki meidän sisällämme suree tämän johdosta.

Meidän ei kuitenkaan tarvitse varastaa mitään tämän tapahtumiseksi. Meidän tulisi potea huonoa omatuntoa jos me omaamme hyvän sydämen ja meille maksetaan palkkaa ja me olemme olleet työssämme laiskoja, tai jos me saamme kirkolta tehtävän tai vastuun mutta me emme täytä sitä kunnolla.

Kyseessä on ajan varastaminen jos Jumalalle omistautunut henkilö haaskaa Hänelle varattua aikaa ja aiheuttaa Jumalan kuningaskunnalle ajan menetystä. Meidän täytyy pitää huolta siitä että me olemme aina ajoissa jotta me emme aiheuta muille ajan menetystä. Tämä pätee sekä Jumalan työhön että myös omaan työhömme ja sosiaalisiin tapahtumiin.

Meidän tulee siis aina arvioida itseämme ja pitää huolta siitä että me emme tee varastamisen syntiä millään tavalla. Meidän tulee myös heittää itsekkyys ja ahneus pois sekä mielestämme että sydämestämme. Meidän tulee yrittää saavuttaa Jumalan edessä aito ja vilpitön sydän puhtain omatunnoin.

Luku 10
Yhdeksäs käsky

"Älä sano väärää todistusta lähimmäisestäsi"

Exodus 20:16

"Älä sano väärää todistusta lähimmäisestäsi."

Tämä tapahtui yönä jona Jeesus pidätettiin. Pietari istui väkijoukon keskellä pihalla jossa Jeesusta kuulusteltiin. Palvelustyttö sanoi että hän oli ollut Jeesus Galilealaisen kanssa. Yllättynyt Pietari vastasi tähän sanoen että hän ei tiennyt mistä tyttö puhui (Matteus 26). Pietari ei kieltänyt Jeesusta sydämensä pohjasta. Hän valehteli äkillisen pelon aallon tähden. Tämän välikohtauksen jälkeen Pietari meni ulos ja hakkasi päätänsä maahan katkerasti itkien. Pietari saattoi seurata Jeesusta vain kaukaa, häveten ja kykenemättä nostamaan päätään kun Hän kantoi ristiään Golgatalle.

Tämä kaikki tapahtui ennen kuin Pietari sai Pyhän Hengen, mutta tästä huolimatta hän ei tämän valheen tähden uskaltanut tulla ristiinnaulituksi samalla tavalla kuin Jeesus. Hän sai Pyhän Hengen päälleen ja omisti koko elämänsä Hänen sanomalleen, mutta tästä huolimatta hän oli niin häpeissään siitä että hän oli kieltänyt Jeesuksen että hän lopulta halusi että hänet ristiinnaulittiin pää alaspäin.

"Älä sano väärää todistusta lähimmäisestäsi"

Kaikista ihmisten päivän aikana puhumista sanoista osa on erittäin tärkeitä kun taas osa on merkityksettömiä. Jotkut sanat ovat merkityksettömiä ja jotkut sanat ovat muita ihmisiä satuttavia tai harhaanjohtavia pahoja sanoja.

Valheet ovat totuudesta poikkeavia pahoja sanoja. Monet ihmiset kertovat lukemattomia valheita –sekä suuria että pieniä – joka päivä vaikka he eivät sitä myöntäisikään. Jotkut sanovat ylpeästi: "Minä en valehtele", mutta ennen kuin edes huomaavatkaan he seisovat valheiden vuoren päällä tahtomattaankin.

Lika, saasta ja epäjärjestys voivat pysyä piilossa pimeässä. Jopa pieninkin pölyhiukkanen tai tahra näkyy selvästi jos kirkas valo loistaa huoneeseen. Samalla tavalla Jumala, joka on totuus, on kirkkaus. Hän näkee kuinka monet ihmiset kertovat valheita kaiken aikaa.

Tämän tähden Jumala kieltää meitä sanomasta väärää todistusta lähimmäisestämme yhdeksännessä käskyssään. Tässä "lähimmäinen" tarkoittaa vanhempia, veljiä, lapsia ja kaikkia muita henkilöä itseään lukuunottamatta. Tutkiskelkaamme kolmessa osassa kuinka Jumala määrittää "väärän todistuksen."

Ensinnäkin, "väärän todistuksen sanominen" tarkoittaa lähimmäisestä totuuden vastaisella tavalla puhumista.

Me voimme nähdä kuinka kauheaa väärän todistuksen antaminen on jos me esimerkiksi seuraamme oikeudessa käytäviä oikeudenkäyntejä. Todistajan antama todistus vaikuttaa lopulliseen päätöksen ja niin pieninkin vääristys voi aiheuttaa viattomalle henkilölle suuria vaikeuksia. Näin tästä tilanteesta voi tulla hänelle elämän ja kuoleman kysymys.

Jumala määräsi että tuomareiden on kuultava useita todistajia voidakseen ymmärtää kaikki jutun piirteet. Näin Jumala esti todistajan väärinkäytön ja väärien todistusten antamisen ja neuvoi tuomareita kuinka saavuttaa viisas ja ymmärtäväinen ratkaisu. Tämän tähden Hän määräsi että todistusten antajien ja tuomarien tuli tehdä tehtävänsä harkitusti ja varovaisesti.

Jumala sanoo jakeessa 5. Moos. 19:15 näin: *"Yksi ainoa todistaja älköön olko pätevä ketään vastaan, olkoonpa mikä pahateko tai rikkomus, mikä synti tahansa, jonka joku tekee. Kahden tai kolmen todistajan sanalla on asia vahva."* Jakeissa 16-20 Hän sanoo: *"Jos todistaja on väärä todistaja, joka on tehnyt väärän syytöksen veljeänsä vastaan."* Näin väärän todistuksen antajan tulee siis saada se sama rangaisus jonka hän halusi itse kohtaavan lähimmästään.

Näissä vakavissa tapauksissa henkilö aiheuttaa toiselle suurta vahinkoa mutta näiden tapausten lisäksi on myös monia muita tapauksia joissa ihmiset kertovat pieniä valheita lähimmäisistään siellä täällä jokapäiväisen elämän aikana. On myös väärän todistuksen antamista jos henkilö ei paljasta totuutta tilanteessa jossa hänen pitäisi avata suunsa lähimmäisensä puolustukseksi. Tässä tapauksessa henkilön ei tarvitse edes vääristää asioita valehdellakseen.

Kuinka me voisimme omata puhtaan omatunnon jos toista henkilöä syytetään jostakin minkä me olemme itse tehneet emmekä me sano mitään peläten itsekin joutuvamme pulaan?

Jumala kieltää meitä valehtelemasta mutta Hän myös käskee meitä omaamaan rehellisen sydämen niin että meidän sanamme ja tekomme vastaavat nuhtettomuutta ja totuutta.

Mitä Jumala sitten ajattelee niistä "pienistä valkoisista valheista" joita me kerromme voidaksemme lohduttaa tai saada toinen henkilö tuntemaan olonsa paremmaksi?

Me voimme esimerkiksi vierailla ystävämme luona kun hän kysyy: "Oletko sinä syönyt?" Me vastaamme myönteisesti siitä huolimatta että tämä ei ole totta sillä me emme halua aiheuttaa hänelle vaivaa. Tässä tapauksessa meidän tulisi puhua totta ja sanoa: "Minä en ole syönyt mutta minä en halua syödä saman tien."

Jopa Raamatusta löytyy esimerkkejä "valkeista valheista."

Exoduksen ensimmäinen luku kertoo kuinka Egyptin kuningas alkoi hermostua sillä Israelin poikien lukumäärä oli kasvanut suuresti. Hän käski heprealaisia kätilöitä seuraavasti: *"Kun te autatte hebrealaisia vaimoja heidän synnyttäessänsä, niin tarkastakaa lapsen sukupuoli: jos se on poika, surmatkaa se, mutta jos se on tyttö, jääköön eloon"* (jae 16).

Jumalaa pelkäävät heprealaiset kätilöt eivät kuitenkaan kuunnelleet Egyptin kuningasta vaan antoivat miespuolisten lapsien elää. Kuningas käski nämä kätilöt luokseen ja kysyi: "Miksi te olette toimineet tällä tavalla ja antaneet poikien elää?" He vastasivat: "Heprealaiset naiset eivät ole kuin egyptiläisiä naisia vaan he synnyttävät niin nopeasti että kätilö ei ehdi edes paikalle." Myös Joonatan, Saulin poika huijasi häntä pelastaakseen Daavidin hengen kun Saul, Israelin ensimmäinen kuningas, tuli Daavidista niin mustasukkaiseksi että hän yritti tappaa hänet sen takia että kansa rakasti häntä kuningasta enemmän.

Näissä tapauksissa ihmiset ovat valehdelleet ainoastaan toisen henkilön edun tähden, aidosti hyvästä tahdostaan ilman itsekkäistä motiiveja. Jumala ei toru heitä automaattisesti ja sano: "Sinä valehtelit." Hän osoittaa heitä kohtaa armoaan aivan kuten heprealaisten kätilöiden kanssa sillä he ovat yrittäneet pelastaa henkiä hyvin aikein. Saavuttaessaan täydellisen hyvyyden tason nämä ihmiset voivat kuitenkin koskettaa vastustajansa tai jonkun muun henkilön sydäntä ilman että heidän pitää kertoa "valkoisia valheita."

Toisekseen, sanojen lisääminen tai poistaminen välitettävästä viestistä on yksi väärän todistuksen antamisen muodoista.

Tällaisessa tapauksessa sinä välität viestin jollekin tavalla joka vääristää totuutta. Sinä olet ehkä lisännyt omia ajatuksiasi tai tunteitasi tai poistanut tiettyjä sanoja. Suurin osa ihmisistä kuuntelee subjektiivisin korvin kun joku kertoo heille jotakin. Joten se kuinka he ymmärtävät informaation riippuu paljolti heidän omista tunteistaan ja menneistä kokemuksistaan. Tämän tähden sanoman alkuperäinen viesti voi hukkua helposti kun se annetaan henkilöltä henkilölle.

Mutta sanoman merkitys muuttuu väistämättä sanansaattajan intonaation tai tiettyjen sanojen painottamisen takia vaikka jokaikinen sana välimerkkeineen olisi muuten oikein. On esimerkiksi täysin eri asia jos me kysymme ystävältämme rakastavasti "Miksi?" kuin jos me huudamme kasvot irveessä vihollisellemme "Miksi?!"

Tämän tähden meidän tulee yrittää ymmärtää mitä henkilö sanoo meille kun me kuuntelemme häntä antamatta omien tunteidemme vaikuttaa hänen viestiinsä. Sama sääntö pätee myös silloin kun me puhumme muille. Meidän tulee siis yrittää välittää alkuperäinen viesti ja sen merkitys mahdollisimman tarkasti jos me saamme tämänkaltaisen tehtävän.

Viestin sanoma voi kuitenkin olla totuuden vastainen tai sitten se ei ehkä auta sen kuulijaa vaikka me välittäisimmekin sen tarkasti. Tällaisissa tapauksissa on parempi että me emme välitä sitä lainkaan eteenpäin. Tämä johtuu siitä että me voimme kyllä välittää sen eteenpäin hyvin aikein mutta tästä huolimatta se voi satuttaa tai loukata sen kuulijaa. Jos näin käy, me voimme ehkä aiheuttaa epäsopua ihmisten välille.

Matteus 12:36-37 sanoo: *"Mutta minä sanon teille: jokaisesta turhasta sanasta, minkä ihmiset puhuvat, pitää heidän tekemän tili tuomiopäivänä. Sillä sanoistasi sinut julistetaan vanhurskaaksi, ja sanoistasi sinut tuomitaan syylliseksi."* Rakkaudessamme Herraan meidän tulee siis pidättäytyä puhumasta sanoja jotka eivät ole totuutta. Tämä pätee myös siihen kuinka meidän tulee kuunnella sanoja.

Kolmanneksi, muiden tuomitseminen ja arvosteleminen heidän sydäntään ymmärtämättä on myös yksi väärän todistuksen antamisen muodoista.

Suhteellisen usein ihmiset arvioivat toisten sydämiä tai aikeita näiden ilmeiden tai tekojen perusteella käyttäen omia ajatuksiaan tai tunteitaan oppaana. He saattavat sanoa näin: "Tuo henkilö sanoi näin luultavasti tällä tavalla ajatellen" tai sitten "Hän varmasti teki tämän näillä aikeilla."

Kuvittele että nuori työntekijä ei ole hyvin ystävällinen valvojalleen sillä hän on hyvin hermostunut uuden ympäristönsä tähden. Tämä valvoja saattaa ajatella seuraavanlaisesti: "Tuo uusi henkilö ei näytä pitävän minusta. Ehkä se johtuu siitä että minä arvostelin häntä pari päivää sitten." Tämä on valvojan omiin ajatuksiin perustuva väärinkäsitys. Toisenlaisessa tapauksessa huonon näön omaava tai syvällä ajatuksissaan oleva henkilö kävelee ystävänsä ohitse häntä huomaamatta. Tämä ystävä saattaa ajatella: "Hän teeskentelee ettei hän huomaa minua! Ehkä hän on minulle vihainen."

Joku toinen tässä samassa tilanteessa oleva saattaa reagoida eri tavalla samaan tilanteeseen. Jokaisen ajatukset ja tunteet ovat erilaiset ja niin jokainen reagoi tietyissä olosuhteissa eri tavalla. Joten jokaisen henkilön vahvuuden taso koettelemuksen voittamiseen vaihtelee vaikka he kokisivatkin samat olosuhteet. Tämän tähden meidän ei tule koskaan tuomita tuskia kärsivää henkilöä oman kivunsietokykymme perusteella. Me emme saa ajatella, että "Miksi hän tekee näin pienestä asiasta näin suuren numeron?" Ei ole helppoa ymmärtää toisen sydäntä täydellisesti vaikka sinä sitten rakastaisitkin häntä ja omaisit häneen läheisen suhteen.

On olemassa useita eri tapoja joilla me voimme arvioida tai lukea ihmisiä väärin, pettyä heihin ja lopulta tuomita heihin ainoastaan sen tähden että me olemme arvioineet heitä omien standardiemme mukaisesti. Me annamme toisesta henkilöstä väärän todistuksen jos me arvoimme häntä omien standardiemme mukaan ja puhumme hänestä pahaa sillä me luulemme hänellä olevan tiettyjä aikeita sydämessään vaikka näin ei oikeasti olekaan. Me teemme myös väärän todistuksen antamisen syntiä jos me otamme tämänkaltaiseen tekoon osaa kuuntelemalla tätä epätotuutta ja ottamalla osaa tämän kyseisen henkilön arvostelemiseen ja tuomitsemiseen.

Reagoidessaan johonkin tilanteeseen pahalla useimmat ihmiset kuvittelevat että myös muut reagoisivat tähän saman tilanteeseen pahalla. Heidän sydämensä on huijaava sydän ja niin he luulevat että myös muut huijaavat. He näkevät jonkin tietyn tilanteen ja ajattelevat pahoja ajatuksia luullen myös että "Olen varma siitä että tuo henkilö ajattelee pahoja ajatuksia." He katsovat muita alaspäin halveksuen, ja niin he luulevat että "Tuo henkilö halveksii minua. Hän on ylpeä."

Tämän tähden Jaak 4:11 sanoo seuraavasti: *"Älkää panetelko toisianne, veljet. Joka veljeään panettelee tai veljensä tuomitsee, se panettelee lakia ja tuomitsee lain; mutta jos sinä tuomitset lain, niin et ole lain noudattaja, vaan sen tuomari."* Uskonveljeä tuomitseva tai panetteleva henkilö on itse ylpeä, ja lopulta hän haluaa olla Jumalan, Tuomarin, kaltainen tuomari.

On tärkeää ymmärtää että puhuessamme ja tuomitessamme muiden heikkouksia me itse teemme pahempaa syntiä. Matteus 7:1-5 sanoo: *"Älkää tuomitko, ettei teitä tuomittaisi; sillä millä tuomiolla te tuomitsette, sillä teidät tuomitaan; ja millä mitalla te mittaatte, sillä teille mitataan. Kuinka näet rikan, joka on veljesi silmässä, mutta et huomaa malkaa omassa silmässäsi? Taikka kuinka saatat sanoa veljellesi: 'Annas, minä otan rikan silmästäsi', ja katso, malka on omassa silmässäsi? Sinä ulkokullattu, ota ensin malka omasta silmästäsi, ja sitten sinä näet ottaa rikan veljesi silmästä."*

Meidän pitää olla varovaisia myös sen suhteen että me emme arvostele Jumalan sanoja omien ajatustemme mukaan. Ihmisille mahdottomat asiat ovat Jumalalle mahdollisia ja niin meidän ei pidä koskaan sanoa että "Tuo on väärin" kun me luemme

Jumalan sanaa.

Valehteleminen liioittelemalla tai vähättelemällä

Ihmisillä on tapana liioitella tai vähätellä päivittäin ilman pahoja aikeita. Jos joku on esimerkiksi syönyt paljon ruokaa me voimme sanoa että "Hän söi kaiken." Jos ruokaa on vielä hieman jäljellä me voimme sanoa, että "Täällä on vielä murunen jäljellä." Joskus me voimme nähdä kuinka kolme tai neljä ihmistä ovat jostakin samaa mieltä ja me sanomme, että "Kaikki olivat samaa mieltä."

Monet eivät pidä tätä valehteluna mutta näin kuitenkin on. On tapauksia joissa me puhumme tilanteesta josta me emme edes tiedä kaikki faktoja ja tämän johdosta siis valehtelemme.

Sanotaan esimerkiksi että joku kysyy meiltä kuinka monta työntekijää tietyllä yhtiöllä on. Me vastaamme: "Näin monta." Myöhemmin me laskemme nämä työntekijät ja huomaamme että heidän lukumääränsä on jokin muu kuin mitä me sanoimme. Me emme valehdelleet tahallamme mutta sanomamme lause on kuitenkin valetta sillä se ei pidä yhtä totuuden kanssa. Joten tässä tapauksessa meidän olisi ollut parempi vastata sanomalla näin: "Minä en tiedä tarkkaa lukumäärää mutta minä luulen että suunnilleen näin monta."

Tämänkaltaisissa tapauksissa me emme tietenkään yrittäneet valehdella tahallaan pahoin aikein tai tuomita muita pahalla sydämellä. On kuitenkin hyvä idea kaivautua suoraan ongelman sisimpään jos me huomaamme että meissä on edes aavistus tämänkaltaisia ajatuksia tai tekoja. Totuuden täyttämän sydämen omaava henkilö ei lisää tai ota pienintäkään asiaa pois totuudesta.

Totuudenmukainen ja rehellinen henkilö voi ottaa totuuden totuutena ja sitten kertoa sen eteenpäin totuutena. Jokin voi olla erittäin pientä ja merkityksetöntä, mutta jos meidän tulee ymmärtää että on merkki siitä että meidän sydämemme ei ole vielä totuuden täyttämä jos me puhumme siitä edes hieman epätotuuden mukaisesti. Se, että meidän sydämemme ei ole täyttynyt totuudella tarkoittaa että jos me joudumme henkeämme uhkaavaan tilanteeseen me pystymme tuottamaan toiselle henkilölle vahinkoa heistä valehtelemalla.

1. Piet. 4:11 sanoo: *"Jos joku puhuu, puhukoon niinkuin Jumalan sanoja."* Meidän pitää yrittää pidättäytyä valehtelemisesta tai vitsailusta epätotuuden mukaisilla sanoilla. Meidän tulee aina puhua totuuden mukaisesti ikäänkuin me puhuisimme Jumalan sanoilla, puhuimme me sitten mistä tahansa. Me voimme toimia näin rukoilemalla palavasti ja ottamalla vastaan Pyhän Hengen opastus.

Luku 11
Kymmenes käsky

"Älä himoitsesi lähimmäisesi huonetta"

Exodus 20:17

"Älä himoitse lähimmäisesi huonetta. Älä himoitse lähimmäisesi vaimoa äläkä hänen palvelijaansa, palvelijatartaan, härkäänsä, aasiansa äläkä mitään, mikä on lähimmäisesi omaa."

Tunnetko sinä erään Aesepoksen kuuluisista tarinoista joka kertoo kultamunia munivasta hanhesta? Pienessä kylässä asuva maanviljelijä sai käsiinsä oudon hanhen. Maanviljelijän miettiessä mitä hän hanhella tekisi tapahtui eräs kummallinen asia.

Hanhi alkoi munia kultaisen munan joka aamu. Sitten eräänä päivänä maanviljelijä ajatteli että hanhen sisällä olisi varmasti paljon munia. Maanviljelijä muuttui ahneeksi ja alkoi haluta paljon kultaa saman tien jotta hän voisi rikastua nopeasti sen sijaan että hänen täytyisi odottaa saavansa yhden munan päivässä.

Hänen ahneutensa kasvaessa tämä maanviljelijä leikkasi hanhen auki. Hän ei kuitenkaan löytänyt yhtään kulta hanhen sisältä. Tuolla hetkellä tämä maanviljelijä ymmärsi olevansa väärässä ja katui tekoaan. Tämä oli kuitenkin liian myöhäistä.

Ahne henkilö ei tunne lainkaan rajoja. Valtameri ei voi koskaan täyttyä, valui siihen sitten kuinka monta jokea tahansa. Ihmisen ahneus on tämän kaltaista. Hän ei tule koskaan olemaan tyytyväinen vaikka hän omistaisi miten paljon. Me näemme tämän joka päivä. Ihmisen ahneuden kasvaessa hän on sekä tyytymätön siihen mitä hänellä on että hän alkaa kadehtimaan ja haluamaan muiden omaisuutta vaikka sitten kavalia keinoja käyttäen. Lopulta hän päätyy tekemään suuren synnin.

"Älä himoitse lähimmäisesi huonetta"

"Himoitseminen" tarkoittaa joko sitä että me haluamme jotakin mikä ei kuulu meille ja sitten yritämme ottaa jollekin muulle kuuluvaa epäsopivin keinoin, tai sitten sitä että me omaamme sydämen joka haluaa kaikkia lihallisia maailman asioita.

Useimmat rikokset alkavat himoitsevalla sydämellä. Himo voi saada ihmiset valehtelemaan, varastamaan, ryöstämään, huijaamaan, kavaltamaan, murhaamaan ja tekemään muunlaisia rikoksia. On myös tapauksia joissa ihmiset eivät himoitse ainoastaan maallisia asioita vaan myös asemaa ja mainetta.

Näiden himoitsevien sydänten tähden niin sisarusten, vanhempien ja lasten kuin aviomiehen ja vaimon väliset suhteet muuttuvat vihamielisiksi. Joistakin perheistä tulee vihollisia ja sen sijaan että ihmiset eläisivät totuudessa heistä tulee mustasukkaisia ja kateellisia heitä enemmän omistaville.

Tämän tähden Jumala varoittaa kymmenennessä käskyssään syntiä synnyttävästä himoitsemisesta. Jumala tahtoo myös meidän kiinnittävän huomiomme taivaallisiin asioihin (Kolossalaiskirje 3:2). Me voimme olla todella tyytyväisiä ja onnellisia vasta sitten kun me etsimme ikuista elämää ja me täytämme sydämemme taivaan unelmalla. Luukas 12:15 sanoo: *"Katsokaa eteenne ja kavahtakaa kaikkea ahneutta, sillä ei ihmisen elämä riipu hänen omaisuudestaan, vaikka sitä ylenpalttisesti olisi."* Jeesus sanoo että me voimme pysyä kaukana synnistä ja omata siten ikuisen vasta sitten kun me olemme heittäneet kaikki himomme pois.

Prosessi jonka kautta himoitseminen tulee esiin syntinä

Kuinka himoitseminen muuttuu sitten synniksi? Sanotaan että sinä olet vieras erittäin varakkaassa talossa. Talo on rakennettu marmorista ja valtavan kokoinen. Se on täynnä kaikenlaisia luksusesineitä. Tämä kaikki on tarpeeksi saamaan jonkun huokaisemaan ja sanomaan: "Tämä talo on loistava. Tämä on kaikki kaunista!"

Kaikki eivät kuitenkaan lopeta tämän kommentin tekemiseen. He ajattelevat: "Olisipa minullakin tämänkaltainen talo. Minä haluaisin olla yhtä rikas kun hän..." Aidot uskovat eivät tietenkään anna näiden ajatusten kypsyä varkautta käsitteleväksi ajatukseksi. Ahneus voi kuitenkin hiipiä heidän sydämeensä seuraavanlaisten ajatusten kautta: "Voi kun minullakin olisi tuollainen."

Ahneuden päästyä sydämeen on vain ajan kysymys ennen kuin henkilö tekee syntiä. Jaak. 1:15 sanoo: *"Kun sitten himo on tullut raskaaksi, synnyttää se synnin, mutta kun synti on täytetty, synnyttää se kuoleman."* On uskovia jotka antavat periksi tälle kiusaukselle tai ahneudelle ja päätyvät tekemään rikoksen.

Joosuan 7. luku kertoo Aakanista joka antaa tämänkaltaiselle ahneudelle periksi ja joutuu kuolemaan tämän rangaistukseksi. Joosuasta oli tullut Mooseksen tilalle johtaja ja hän oli tässä valloittamassa Kanaanin maata. Israelilaiset olivat juuri piirittäneet Jerikon. Joosua varoitti kansaansa, sanoen että kaikki Jerikosta saatava oli omistettu Jumalalle ja että kenenkään ei pitänyt siis ottaa siitä itselleen mitään.

Aakan kuitenkin näki kalliin viitan sekä kultaa ja hopeaa. Hän alkoi himoitsemaan niitä ja piilotti ne itselleen. Joosua ei tiennyt tästä mitään ja niin hän jatkoi eteenpäin seuraavaa kaupunkia, Aita, valloittamaan. Ai oli pieni kaupunki ja israelilaiset odottivat taistelun olevan helppo. Hämmästyksekseen he kuitenkin hävisivät. Jumala kertoi Joosualle että tämä johtui Aakanin synnistä. Tämän johdosta sekä Aakanin että hänen koko perheensä ja jopa hänen karjansa täytyi kuolla.

2. Kun. 5 kertoo Geehasista, Elisan palvelijasta, joka sai spitaalin sen tähden että hän himoitsi asioita jotka eivät kuuluneet hänelle. Kenraali Naeman peseytyi Elisan sanojen mukaan Jordan-joessa seitsemän kertaa parantuakseen spitaalista. Parannuttuaan hän tahtoi antaa Elisalle lahjoja kiitollisuutensa osoitukseksi. Elisa kuitenkin kieltäytyi ottamasta mitään.

Naemanin ollessa matkalla takaisin kotimaahansa Geehasi

juoksi hänen jälkeensä teeskennellen Elisan lähettäneen hänet ja pyysi kenraalilta lahjoja. Hän otti nämä lahjat ja piilotti ne. Tämän jälkeen hän palasi Elisan luokse ja yritti pettää häntä siitä huolimatta että Elisa oli tiennyt alusta alkaen mitä hän oli tekemässä. Näin myös Geehisa sai spitaalin josta Naeman oli kärsinyt.

Samoin kävi myös Ananiaksen ja hänen vaimonsa, Safiiran, tapauksessa apostolien tekojen 5. luvussa. He myivät omaisuutta ja lupasivat uhrata heidän tästä saamansa rahat Jumalalle. Saatuaan rahat käsiinsä he muuttivat mielensä ja piilottivat osan rahoista itselleen ja tuoden vain osan apostoleille. He yrittivät pettää apostoleita tätä rahaa himoiten. Apostolien pettäminen on kuitenkin sama kuin Pyhän Hengen pettäminen ja niin heidän sielunsa lähtivät heistä ja he molemmat kuolivat siihen paikkaan.

Himoava sydän johtaa kuolemaan

Himoitseminen on suuri synti joka johtaa lopulta kuolemaan. Tämän tähden on siis tärkeää heittää himoitseminen sekä lihallisia asioita haluava ahneus ja kiusaukset pois sydämestämme. Mitä hyötyä on siitä että sinä saat kaiken haluamasi tässä maailmassa mutta häviät elämäsi?

Sinä olet kuitenkin aidosti rikas vaikka sinulla ei olisikaan tämän maailman rikkauksia jos sinä vain uskot Herraan ja omaat todellisen elämän. Luukaksen 16. jakeessa oleva vertauskuva puhuu rikkaasta miehestä ja Lasarus-nimisestä kerjäläisestä. Tämän mukaan todellinen siunaus on pelastuksen saaminen sen jälkeen kun himoava sydän on heitetty pois.

Rikas mies ei uskonut Jumalaan tai taivaaseen. Hän kuitenkin eli loisteliasta elämää pitäen hienoja vaatteita, tyydyttäen maailmallista ahneuttaan ja ottaen osaa ilonpitoihin. Lasaru-kerjäläinen kuitenkin makasi rikkaan miehen portinpielessä. Hänen elämänsä oli hyvin alhaista ja koirat jopa saapuivat nuolemaan hänen kehossaan olevia paiseita. Sydämensä syvyyksissä hän kuitenkin ylisti Jumalaa ja unelmoi aina taivaasta.

Lopulta sekä Lasarus että rikas mies kuolivat. Enkelit veivät Lasaruksen Aabrahamon rinnalle kun taas rikas mies vietiin tuonelaan missä häntä piinattiin. Tuska ja tuli saivat hänet janoiseksi ja niin hän pyysi edes yhtä vesitippaa. Hänelle ei kuitenkaan voitu antaa edes tätä toivetta.

Kuvittele että rikas mies olisi saanut uuden tilaisuuden asua tämän maan päällä. Hän olisi luultavasti valinnut ikuisen elämän taivaassa vaikka tämä olisikin tarkoittanut köyhää elämää maan päällä. Myös joku Lasaruksen kaltainen puutteenalaista elämää elävä henkilö voi oppia pelkäämään Jumalaa ja elämään Hänen kirkkaudessaan ja niin hänkin voi saada maallisen vaurauden siunauksia tämän maan päällä eläessään.

Vaimonsa Saaran kuoltua Aabraham, uskon isä, tahtoi ostaa Makpelahin luolan vaimonsa haudaksi. Luolan omistaja tarjosi sitä ilmaiseksi mutta Aabraham kieltäytyi tästä ja maksoi siitä täyden hinnan. Hän toimi näin sillä hänen sydämessään ei ollut lainkaan himoa. Hän ei ajatellut asian ottamista itselleen jos se ei kuulunut hänelle (Genesis 23:9-19).

Aabraham rakasti Jumalaa ja oli Hänen sanalleen kuuliainen. Hän eli rehellistä ja tahratonta elämää. Tämän tähden Aabrahamia siunattiin tämän maan päällä eläessään sekä maallisella vauraudella että pitkän iän, maineen, vallan, jälkeläisten ja muiden vastaavien siunauksilla. Hän sai jopa hengellisen siunauksen tulla kutsutuksi 'Jumalan ystäväksi.'

Hengelliset siunaukset ylittävät kaikki materiaaliset siunaukset

Joskus ihmiset kysyvät uteliaisuuttaan: "Tuo henkilö näyttää hyvältä uskovalta. Miksi hän ei näytä saavan paljon siunauksia?" Me näkisimme kuinka Jumala siunaa henkilöä parhailla asioilla jos hän on kristuksen todellinen seuraaja joka elää päivästä päivään aitoa uskoa omaten.

3. Joh. 1:2 sanoo: *"Rakkaani, minä toivotan sinulle, että kaikessa menestyt ja pysyt terveenä, niinkuin sielusikin menestyy."* Jumala siunaa meitä niin että meidän sielumme voi hyvin ennen kuin Hän tekee mitään muuta. Jumala siunaa meitä

niin että kaikki on meillä hyvin terveytemme mukaan lukien jos me elämme niinkuin Jumalan pyhät lapset heittäen kaiken pahan pois sydämestämme Hänen käskyjään noudattaen.

Me emme voi kuitenkaan sanoa että Jumala siunaa henkilöä siitä huolimatta että hän näyttää nauttivan paljon materialistisia siunauksia jos hänen sielunsa ei kukoista. Tässä tapauksessa hänen omaisuutensa saa hänet yhä ahneemmaksi. Hänen ahneutensa synnyttää syntiä mikä puolestaan saa hänet lopulta kääntymään Jumalasta.

Kohdatessaan vaikeita tilanteita ihmiset voivat luottaa Jumalaa puhtain sydämin ja palvella Häntä tunnollisesti rakkaudella. Liian usein heidän sydämensä alkavat kuitenkin haluta muita maailmallisia asioita ja he alkavat esittää tekosyitä väittäen olevansa liian kiireisiä. Näin he alkavat loitontua Jumalasta saatuaan ensiksi materiaalisia siunauksia työpaikallaan tai liike-elämässä. Voittojen tai tulojen ollessa vähäisiä heillä on tapana antaa kymmenyksensä kiitollisena. Heidän tulojensa kuitenkin kasvaessa myös heidän kymmenystensä tulisi kasvaa mutta tämä saa heidän sydämensä horjumaan. Meidän saamamme siunaukset voivat osoittautua epäonnisiksi jos meidän sydämemme muuttuvat tällä tavalla, ja näin me loittonemme Jumalan sanasta ja muutumme samanlaisiksi kuin maallisen maailman ihmiset.

Kukoistavan sielun omaavat ihmiset eivät kuitenkaan himoitse maailmallisia asioita, eivätkä he tule enää ahneiksi vaikka he saavat Jumalalta kunnian ja vaurauden siunauksia. He eivät myöskään valita sen tähden että he eivät ole saaneet tämän maailman hyviä asioita, sillä he olisivat valmiita uhraamaan kaiken omistamansa, jopa elämänsä, Jumalalle.

Hyvinvoivan sielun omaavat ihmiset vartioivat uskoaan ja palvelevat Jumalaa kaikissa olosuhteissa ja käyttävät Jumalalta saamiaan siunauksia ainoastaan Hänen kuningaskuntansa ja kirkkautensa hyväksi. Kukoistavan sielun omaavilla ihmisillä ei ole tapana jahdata maailmallisia iloja, ottaa osaa ilonpitoihin tai kulkea kuoleman polkua, ja niin Jumala siunaa heitä runsaasti ja jopa vielä enemmänkin.

Tämän tähden hengelliset siunaukset ovat paljon tämän maailman sumun tavoin haihtuvia siunauksia tärkeämpiä. Joten niin meidän tulee saada ensin hengellisiä siunauksia.

Meidän ei tule koskaan haluta Jumalan siunauksia maallisten halujen tyydyttämiseksi

Jumala tulee täyttämään meidät kun hetki on oikea jos me jatkamme vanhurskauden polulla kulkemista ja etsimme Jumalaa uskossa. Tämä on siitä huolimatta että meitä ei olekaan siunattu vielä hengellisesti kukoistavalla sielulla. Ihmiset rukoilevat että jotakin tapahtuisi saman tien. Kaikelle taivaan alla olevalle on kuitenkin oma aikansa ja kestonsa ja Jumala tietää parhaan ajankohdan. Joskus Jumala antaa meidän odottaa voidakseen antaa meille yhä suurempia siunauksia.

Me saamme Jumalalta voiman rukoilla lakkaamatta vastauksemme saamiseen saakka jos me pyydämme Häneltä jotakin aidossa uskossa. Jos me kuitenkin pyydämme Häneltä jotakin lihallisen halun tähden me emme saa uskoa jolla luottaa emmekä me saa Häneltä vastausta rukoilimme me sitten kuinka paljon tahansa.

Jaak. 4:2-3 sanoo: *"Te himoitsette, eikä teillä kuitenkaan ole; te tapatte ja kiivailette, ettekä voi saavuttaa; te riitelette ja taistelette. Teillä ei ole, sentähden ettette ano. Te anotte, ettekä saa, sentähden että anotte kelvottomasti, kuluttaaksenne sen himoissanne."* Jumala ei voi vastata meille jos me pyydämme Häneltä jotakin maailmallisten himojemme tyydyttämiseksi. Vanhempien ei pidä antaa nuorelle oppilaalle rahaa jos hän pyytää sitä ostaakseen asioita joita hänen ei pitäisi ostaa.

Tämän tähden meidän ei tule rukoilla ja pyytää Jumalalta omin ajatuksimme vaan meidän tulee pyytää asioita Jumalan tahdon mukaisesti Pyhän Hengen voimalla (Juud. 1:20). Pyhä Henki tuntee Jumalan sydämen ja Hän voi ymmärtää Jumalan syviä asioita. Näin sinä voit saada Jumalalta vastauksia jokaiseen rukoukseesi nopeasti jos sinä luotat rukouksesi aikana Pyhän Hengen ohjaukseen.

Kuinka me sitten luotamme Pyhän Hengen ohjaukseen ja rukoilemme Jumalan tahdon mukaisesti?

Ensinnäkin, meidän pitää aseistaa itsemme Jumalan sanalla ja soveltaa Hänen sanaansa elämäämme jotta meidän sydämemme voi olla Jeesuksen Kristuksen sydämen kaltainen. Omatessamme Kristuksen kaltaisen sydämen me voimme luonnollisesti rukoilla Jumalan tahdon mukaisesti ja niin me voimme saada nopeasti vastauksia kaikkiin rukouksiimme. Tämä johtuu siitä että Jumalan sydämen tunteva Pyhä Henki tulee tarkkailemaan sydämiämme niin että me voimme pyytää asioita joita me todella tarvitsemme.

Näin Matteus 6:33 sanoo: *"Vaan etsikää ensin Jumalan valtakuntaa ja hänen vanhurskauttansa, niin myös kaikki tämä teille annetaan."* Meidän tulee siis etsiä ensin Jumalan kuningaskuntaa ja sitten pyytää mitä me tarvitsemme. Sinä saat kokea kuinka Jumala valuttaa siunauksensa elämäsi päälle niin että sinun maljasi on ylitsevuotavainen kaikesta siitä mitä sinä tarvitset tämän maan päällä ja vielä tämän lisäisestäkin jos sinä vain rukoilet etsien ensin Jumalan tahtoa.

Tämän tähden meidän tulee nostaa Jumalalle jatkuvasti aitoja ja sydämellisiä rukouksia. Sinä voit päivittäin varastoida voimallisia rukouksia Pyhän Hengen ohjaamana ja näin kaikki himo ja syntiset luonteenpiirteet tulevat heitetyksi pois sydämestäsi ja sinä saat mitä tahansa sinä rukouksessa pyydät.

Apostoli Paavali oli Rooman valtakunnan kansalainen ja hän opiskeli aikansa parhaan ja tunnetuimman opettajam, Gamalielin, alla. Paavali ei ollut kuitenkaan kiinnostunut tämän maailman asioista. Kristuksen tähden hän piti kaikkea roskana. Paavalin tavoin meidän tulee rakastaan ja haluta Jeesuksen Kristuksen opetuksia, totuuden sanoja.

Mitä hyötyä kaikesta olisi jos me saamme maailmallista vaurautta, kunniaa, valtaa ja muuta mutta emme silti saisi ikuista elämää? Jumala siunaa meitä varmasti niin että meidän sielumme kukoistaa jos me hylkäämme kaikki tämän maailman rikkaudet ja elämme Jumalan tahdon mukaisesti niinkuin apostoli Paavali. Tällöin meitä kutsutaan taivaassa "suureksi" ja me olemme menestyksekkäitä kaikilla elämämme osa-alueilla myös tämän maan päällä.

Joten mina rukoilen että sinä heittäisit sydämestäsi ja elämästäsi kaikenlaisen ahneuden ja himon pois samalla kun sinä etsit tyydytystä sillä mitä sinulla nyt jo on taivaasta unelmoiden. Tällöin minä tiedän että sinä tulet aina elämään kiitosta ja riemua ylitsevuotavaa elämää.

Luku 12

Jumalan tottelemisen laki

Sananlaskut 8:17

"Minä rakastan niitä, jotka minua rakastavat, ja jotka minua varhain etsivät, ne löytävät minut."

Matteuksen luvussa 22 on kohtaus jossa yksi fariseuksista kysyy Jeesukselta mikä on lain tärkein käsky. Jeesus vastasi: *"'Rakasta Herraa, sinun Jumalaasi, kaikesta sydämestäsi ja kaikesta sielustasi ja kaikesta mielestäsi.' Tämä on suurin ja ensimmäinen käsky. Toinen, tämän vertainen, on: 'Rakasta lähimmäistäsi niinkuin itseäsi.' Näissä kahdessa käskyssä riippuu kaikki laki ja profeetat"* (Matteus 22:37-40).

Tämä tarkoittaa sitä että me voimme noudattaa helposti kaikkia muitakin käskyjä jos me rakastamme Jumalaa koko sydämellämme, sielullamme ja mielellämme sekä rakastamme lähimmäisiämme kuin itseämme.

Kuinka me voimme tehdä Jumalan inhoamia syntejä jos me todella rakastamme Häntä? Kuinka me voimme tehdä pahaa lähimmäisillemme jos me todella rakastamme heitä niinkuin itseämme?

Miksi Jumala antoi meille käskynsä

Miksi Jumala näki sitten vaivaa antaakseen meille nämä kymmenen käskyä sen sijaan että Hän olisi vain sanonut "Rakastakaa Jumalaa ja lähimmäisiänne kuin itseänne?"

Tämä johtuu siitä että Vanhan testamentin aikoina ennen Pyhän Hengen aikakautta ihmisten oli hyvin vaikeaa rakastaa sydämensä pohjasta omin voiminensa. Nämä kymmenen käskyä olivat juuri tarpeeksi pakottamaan israelilaiset tottelemaan Jumalaa, ja näiden käskyjen kautta Hän johdatti heidät rakastamaan ja pelkäämään Häntä sekä rakastamaan lähimmäisiään myös teoillaan.

Tähän mennessä me olemme tarkastelleet jokaista käskyä erikseen mutta nyt meidän on aika tarkistella näitä kahtena ryhmänä: Rakkautena Jumalaa kohtaan sekä rakkautena lähimmäisiä kohtaan.

Käskyt 1-4 voidaan tiivistää sanomalla: "Rakasta Herraa sinun Jumalaasi koko sydämelläsi, sielullasi ja mielelläsi." Vain ja ainoastaan Luojan palvominen, pidättäytyminen epäjumalien tekemisestä ja palvomisesta sekä Jumalan nimen väärin käyttämisestä ja sapatin pyhittäminen ovat kaikki tapoja rakastaa Jumalaa.

Käskyt 5-10 voidaan tiivistää sanomalla: "Rakasta lähimmäisiäsi kuin itseäsi." Vanhempien kunnioittaminen, varoitus murhaamista, varastamista, väärän todistuksen antamista, himoamista ym vastaan ovat kaikki tapoja ehkäistä pahoja tekoja muita tai lähimmäisiämme kohtaan. Me emme tahdo aiheuttaa lähimmäisillemme kipua jos me rakastamme heitä kuin itseämme, ja niin meidän pitäisi pystyä noudattamaan näitä käskyjä.

Meidän tulee rakastaa Jumalaa sydämemme pohjasta

Jumala ei pakota meitä noudattamaan Hänen käskyjään. Hän johdattaa meidät noudattamaan niitä Häntä kohtaan tuntemamme rakkauden tähden.

Roomalaiskirje 5:8 sanoo: *"Mutta Jumala osoittaa rakkautensa meitä kohtaan siinä, että Kristus, kun me vielä olimme syntisiä, kuoli meidän edestämme."* Jumala osoitti Hänen suuren rakkautensa meitä kohtaan ensin.

On vaikeaa löytää ketään joka haluaisi kuolla hyvän ja vanhurskaan henkilön puolesta tai edes oman ystävänsä puolesta. Jumala kuitenkin lähetti oman Poikansa Jeesuksen Kristuksen kuolemaan syntisten puolesta jotta nämä voisivat vapautua siitä kirouksesta jonka alla he Lain mukaan olivat. Joten Jumala osoitti että Hänen rakkautensa ylitti oikeudenmukaisuuden.

Roomalaiskirje 5:5 sanoo: *"Mutta toivo ei saata häpeään; sillä Jumalan rakkaus on vuodatettu meidän sydämiimme Pyhän Hengen kautta, joka on meille annettu."* Jumala antaa Pyhän Hengen lahjaksi kaikille Hänen lapsilleen jotka ottavat Jeesuksen Kristuksen vastaan jotta he voisivat ymmärtää Jumalan rakkautta paremmin.

Tämän tähden uskon kautta pelastuneet ja vedellä ja Pyhällä Hengellä kastetut voivat rakastaa Jumalaa mielensä lisäksi myös sydämensä syvyydellä. Tämä sallii heidän noudattavan Hänen käskyjään Häntä kohtaan tuntemallaan aidolla rakkaudella.

Jumalan alkuperäinen tahto

Alunperin Jumala loi ihmiset koska Hän halusi saada uskollisia lapsia joita Hän voisi rakastaa ja jotka rakastaisivat Häntä takaisin omasta vapaasta tahdostaan. Kuinka me voimme kuitenkaan sanoa että joku Jumalan uskollinen lapsi jos hän noudattaa kaikkia Jumalan käskyjään mutta ei kuitenkaan rakasta Häntä?

Palkkatyötä tekevä ihminen ei voi periä työnantajansa liikettä mutta työnantajan lapsi on kuitenkin täysin eri asia kuin palkkatyöläinen ja hän voi periä liikkeen. Samalla tavalla Jumalan kaikkia käskyjä noudattava voi saada kaikki Hänen lupaamansa siunaukset mutta jos hän ei ymmärrä Jumalan rakkautta hän ei voi olla Jumalan uskollinen lapsi.

Joten Jumalan rakkautta ymmärtävä ja Hänen käskyjään noudattava henkilö voi periä taivaan ja elää taivaan kauneimmassa osassa Jumalan uskollisena lapsena. Isän rinnalla eläen hän voi elää auringon loisteen kaltaisessa kirkkaudessa ikuisesti.

Jumala tahtoo kaikkien Jeesuksen Kristuksen veren kautta pelastuneiden ja Häntä sydämensä pohjasta rakastavien asuvan Hänen kanssaan Uudessa Jerusalemissa missä Hänen valtaistuimensa sijaitsee ja jakavan Hänen rakkautensa ikuisesti. Tämän tähden Jeesus sanoi näin Matteuksen jakeessa 5:17: *"Älkää luulko, että minä olen tullut lakia tai profeettoja kumoamaan; en minä ole tullut kumoamaan, vaan täyttämään."*

Todiste siitä kuinka paljon me rakastamme Jumalaa

Tällä tavoinme voimme täyttää Lain Jumalaa kohtaan tuntemamme rakkauden kautta vasta sitten kun me ymmärrämme miksi Jumala antoi meille Hänen käskynsä. Meillä on nämä käskyt tai lait, ja tämän tähden me voimme näyttää 'rakkauden' fyysisesti, mikä muutoin on abstrakti käsite jota on vaikea nähdä fyysisin silmin.

Jos joku sanoisi: "Jumala, minä rakastan sinua koko sydämelläni, joten ole kiltti ja siunaa minua", kuinka oikeudenmukaisuuden Jumala voisi osoittaa hänen lausuntonsa todeksi ilman mitään mitä vasten sitä tarkistaa? Meillä on standardit, Jumalan käskyt, ja tämän tähden me voimme nähdä rakastavatko he Jumalaa aidosti koko sydämellään. He voivat sanoa huulillaan rakastavansa Jumalaa mutta jos he eivät pyhitä lepopäivää Jumalan käskyn mukaan me näemme että näin ei oikeasti ole.

Joten Jumalan käskyt ovat mittapuu jonka avulla me voimme tarkistaa tai nähdä kuinka paljon me rakastamme Jumalaa.

Tämän tähden 1. Joh. 5:3 sanoo: *"Sillä rakkaus Jumalaan on se, että pidämme hänen käskynsä. Ja hänen käskynsä eivät ole raskaat."*

Minä rakastan niitä jotka rakastavat minua

Meidän Jumalalta Hänen käskyjensä noudattamisen ansiosta saamamme siunaukset eivät katoa tai haihdu pois.

Mitä esimerkiksi tapahtui Danielille joka miellytti Jumalaa aidolla uskollaan ja ei koskaan tehnyt maailman kanssa kompromissia?

Daniel oli alunperin Juudan sukukunnasta ja kuninkaiden perheen jälkeläinen. Eteläinen Juuda teki kuitenkin syntiä Jumalaa vastaan ja Babylonian kuningas Nebukadnezzar hyökkäsi maahan ensimmäisen kerran vuonna 605 eKr. Tuolloin erittäin nuori Daniel vietiin Babyloniaan vangiksi.

Kuninkaan politiikan mukaisesti Daniel ja usea muu vangiksi otettu nuorukainen valittiin asumaan Nebukadnezzarin palatsiin missä heitä koulutettiin kaldealaisten tavalla kolmen vuoden ajan.

Daniel pelkäsi saastuttavansa itsensä ruualla jonka Jumala oli häneltä kieltänyt, ja niin hän pyysi että hänen ei tarvitsisi syödä kuninkaan tarjoamaa ruokaa tai viiniä. Vankina hänellä ei ollut oikeutta kieltäytyä kuninkaan antamasta ruuasta tai viinistä mutta Daniel teki kaikkensa pitääkseen uskonsa puhtaana Jumalan edessä.

Jumala näki Danielin vilpittömän sydämen ja Hän kosketti vanginvartijan sydäntä niin että Danielin ei tarvinnut syödä kuninkaan ruokaa tai viiniä.

Jumala noudatti Jumalan käskyjä ja ajan mittaan hän nousi Babylonian, pakanamaan, pääministeriksi. Danielin usko oli horjumaton ja esti häntä tekemästä maailman kanssa kompromissia mikä miellytti Jumalaa suuresti. Joten Daniel oli kaikilla poluillaan hyvä ja hän sai kokea Jumalan rakkautta jatkuvasti siitä huolimatta että valtiot ja kuninkaat vaihtuivat.

Minua etsivät

Me näemme tämänkaltaisia siunauksia tänäkin päivänä. Jumala siunaa ylitsevuotavilla siunauksilla ketä tahansa joka omaa Danielin kaltaista uskoa eikä tee maailman kanssa kompromissia vaan tottelee Jumalan käskyjä ilolla.

Noin kymmenen vuotta sitten eräs kirkkomme vanhemmista oli töissä yhdessä maan huippu finanssiyhtiössä. Asiakkaiden houkuttelemiseksi tämä yhtiö järjesti säännöllisiä kokouksia jossa he joivat asiakkaiden kanssa ja viikonloppuisin heidän oli pakko pelata golfia. Tuohon aikaan tämä vanhin toimi diakonina. Saatuaan tämän aseman ja alettuaan todella ymmärtää Jumalan rakkautta hän lopetti asiakkaidensa kanssa juomisen eikä hän enää koskaan jättänyt sunnuntain jumalanpalvelusta väliin yhtiön maailmallisista tavoista huolimatta.

Eräänä päivänä yhtiön pääjohtaja sanoi hänelle: "Sinun pitää tehdä valinta tämän yhtiön ja kirkon välillä." Tämä vanhin omasi vakaan luonteen ja niin hän ei epäröinyt hetkeäkään vastatessaan: "Tämä yhtiö on minulle tärkeä mutta jos minun pitää valita joko tämä yhtiö tai kirkko, minä valitsen minun kirkkoni."

Ihmeellisesti Jumala kosketti tämän pääjohtajan sydäntä ja hän alkoi luottamaan tähän vanhempaan entistä enemmän antaen hänelle lopulta ylennyksen. Tässä ei ollut kaikki. Pian tämän jälkeen tästä vanhimmasta tuli ylennysten jälkeen yhtiönsä pääjohtaja!

Joten Jumala nostaa meidän olemaan hyviä kaikessa mitä me teemme ja Hän siunaa kaikkia meidän elämämme osa-alueita kun me rakastamme Häntä ja yritämme noudattaa Hänen käskyjään.

Jumalan lupaukset eivät muutu ajan mittaan toisin kuin tämän yhteiskunnan lait. Elimme me sitten missä tahansa ajassa ja olimme me sitten kuka tahansa, me saamme Jumalan lupaamia siunauksia jos me vaiin noudatamme Jumalan sanaa ja elämme niiden mukaisesti.

Jumalan noudattamisen laki

Täten kymmenen käskyä, tai Jumalan Moosekselle antama laki, opettaa meille ne standardit joiden kautta me voimme saada Jumalan rakkautta ja siunauksia.

Sananlaskut 8:17 sanoo: *"Minä rakastan niitä, jotka minua rakastavat, ja jotka minua varhain etsivät, ne löytävät minut."* Eli me voimme saada niin paljon Hänen rakkauttaan ja siunauksia kuin me itse rakastamme Häntä.

Jeesus sanoi Johanneksen evankeliumin jakeessa 14:2 näin: *"Jolla on minun käskyni ja joka ne pitää, hän on se, joka minua rakastaa; mutta joka minua rakastaa, häntä minun Isäni rakastaa, ja minä rakastan häntä ja ilmoitan itseni hänelle."*

Tuntuvatko Jumalan lait raskailta tai vaikeilta? Me voimme kuitenkin noudattaa niitä jos me todella rakastamme Jumalaa sydämemme pohjasta. Meidän tulee luonnollisesti noudattaa niitä jos me kutsumme itseämme Jumalan lapsiksi.

Näin me voimme saada Jumalan rakkautta, keinon olla Jumalan kanssa, kohdata Hänet ja saada Häneltä vastauksia rukouksiimme. Mikä tärkeintä, Hänen lakinsa estävät meitä tekemästä syntiä ja ne liikuttavat meitä kohti pelastusta, joten kuinka suuri siunauksen Hänen lakinsa muodostavatkaan!

Aabrahamin, Danielin ja Joosefin kaltaisia uskon esi-isiä siunattiin niin että heidät nostettiin korkealle kansoja korkeammalle koska he noudattivat tarkasti Hänen Lakiaan. He saivat siunauksia tullessaan ja mennessään. He nauttivat näitä siunauksia kaikilla elämänsä osa-alueilla ja saivat lisäksi siunauksen astua auringon tavoin loistavaan kirkkauteen.

Minä rukoilen Herran nimessä että sinä kuuntelisit jatkuvasti Jumalan sanaa ja löytäisit Hänen laistaan ilon aihetta tutkiskellen niitä päivin ja öin, eläen täysin niiden mukaan.

"Huomaa, että minä rakastan sinun asetuksiasi.
Herra, virvoita minua armosi jälkeen
Suuri rauha on niillä, jotka rakastavat sinun lakiasi,
eikä heille kompastusta tule.
Minä odotan sinulta pelastusta,
Herra, ja täytän sinun käskysi.
Minun kieleni veisatkoon sinun lupauksistasi,
sillä kaikki sinun käskysi ovat vanhurskaat"
(Psalmi 119:159, 165, 166, 172).

Kirjailija:
Dr. Jaerock Lee

Dr. Jaerock Lee syntyi Muanissa, Jeonnamin provinssissa, Korean Tasavallassa vuonna 1943. Nuoruudessaan Dr. Lee kärsi useista parantumattomista sairauksista seitsemän vuoden ajan. Ilman toivoa parantumisesta hän odotti kuolemaa. Eräänä päivänä keväällä 1974 hänen siskonsa johdatti hänet kirkkoon, ja hänen kumartuessaan rukoilemaan Elävä Jumala paransi hänet välittömästi kaikista hänen sairauksistaan.

Siitä hetkestä lähtien kun Dr. Lee tapasi Elävän Jumalan tuon ihmeellisen tapahtuman kautta hän on rakastanut Jumalaa vilpittömästi koko sydämellään, ja vuonna 1978 hänet kutsuttiin Jumalan palvelijaksi. Hän noudatti Jumalan Sanaa ja rukoili kuumeisesti saadakseen selvyyden Jumalan tahdosta voidakseen toteuttaa sitä. Vuonna 1982 hän perusti Manminin Central Churchin Soulissa, Koreassa, ja siitä lähtien kirkossa on tapahtunut lukemattomia Jumalan töitä, parantumisia ja muita ihmeitä mukaan lukien.

Vuonna 1986 Dr. Lee vihittiin pastoriksi Korean Jesus' Sungkyul Churchin vuotuisessa kirkkokouksessa, ja neljä vuotta myöhemmin vuonna 1990 hänen saarnojansa alettiin lähettää Australiaan, Venäjälle, Filippiineille ja useisiin muihin maihin Far East Broadcastin Companyn, the Asia Broadcast Stationin ja the Washington Christian Radion Systemin kautta.

Kolme vuotta myöhemmin vuonna 1993 *Christian World Magazine* (US) valitsi Manmin Central Churchin yhdeksi "maailman 50:stä huippukirkosta", ja hän vastaanotti kunniatohtorin arvonimen jumaluusopissa Christian Faith Collegesta, Floridassa ja vuonna 1996 teologian tohtorin arvonimen Kingsway Theological Seminarysta Iowassa.

Vuodesta 1993 lähtien Dr. Lee on johtanut maailmanlaajuista missiota useiden kansainvälisten ristiretkien kautta jotka ovat suuntautuneet Tansaniaan, Argentiinaan, Los Angelesiin, Baltimoreen, Hawaijille, sekä New Yorkiin Yhhdysvalloissa, sekä Ugandaan, Japaniin, Pakistaniin, Keniaan, Filippiineille, Hondurasiin, Intiaan, Venäjälle, Saksaan, Peruun, Kongon Demokraattiseen Tasavaltaan, Israeliin sekä Viroon.

Vuonna 2002 Korean kristilliset sanomalehdet kutsuivat häntä "kansainväliseksi pastoriksi" hänen lukuisten ulkomaisten ristiretkien aikana tekemänsä työn johdosta. Varsinkin hänen Madison Square Gardenissa järjestetty "2006 New Yorkin Ristiretki" lähetettiin yli 220 maahan. Jerusalemin kansanvälisessä kokouskeskuksessä järjestetyn vuoden 2009 "Israel Yhtykää Ristiretken" aikana hän saarnasi rohkeasti siitä kuinka Jeesus Kristus on Messia ja Pelastaha. Hänen saarnojaan on lähetetty yli 176 maahan satelliittien välityksellä sekä GCN TV:n kautta. Vuosina 2009 ja 2010 suosittu venäläinen kristillinen lehti *In Victory* ja uusi *Christian Telegraphy* valitsi hänet yhdeksi maailman 10 vaikutusvaltaisimmaksi kristillisestä johtajaksi hänen voimallisten Tv-lähetysten ja ulkomaille suuntautuneen työn tähden.

Lokakuu 2016 Manmin Central Church on seurakunta joka muodostuu yli 120 000 jäsenestä sekä 11000 koti-ja ulkomaisesta jäsenkirkosta kautta maailman, mukaanlukien 54 kotimaista haarakirkkoa. Se on lähettänyt yli 102 lähetyssaarnaajaa 23:n maahan, mukaan lukien Yhdysvaltoihin, Venäjälle, Saksaan, Kanadaan, Japaniin, Kiinaan Ranskaan, Intiaan, Keniaan sekä useaan muuhun maahan.

Tähän päivään mennessä Dr. Lee on kirjoittanut 105 kirjaa, mukaan lukien bestsellerit *Ikuisen Elämän Maistaminen Ennen Kuolemaa, Elämäni ja Uskoni, Ristin Sanoma, Uskon Mitta, Henki Sielu ja Ruumis, Taivas I & II, Helvetti* sekä *Jumalan Voima*. Hänen teoksiaan on käännetty yli 76 kielelle.

Hän on kirjoittanut kristillisiä kolumneja useisiin sanomalehtiin, mukaanlukien *The Hankook Ilbo, The JoongAng Daily, The Dong-A Ilbo, The Chosun Ilbo, The Munhwa Ilbo, The Seoul Shinmun, The Kyunghyang Shinmun, The Hankyoreh Shinmun, The Korea Economic Daily, The Korea Herald, The Shisa New* ja *The Christian Press*.

Dr. Lee on tällä hetkellä usean lähetysorganisaation ja –seuran johdossa, mukaan lukien The United Holiness Church of Korea (presidentti), Manmin World Mission (presidentti), The World Christianity Revival Mission Association (pysyvä puheenjohtaja), Manmin TV (perustaja), Global Christian Network (GCN) (perustaja ja johtokunnan jäsen), The Worlds Christian Doctors Network (WCDN) (Perustaja ja puheenjohtaja), sekä Manmin International Seminary (MIS) (perustaja sekä johtokunnan jäsen.)

Muita saman tekijän voimakkaita kirjoja

Taivas I & II

Yksityiskohtainen kuvaus siitä ihmeellisestä elinympäristöstä josta taivaalliset kansalaiset saavat nauttia sekä taivaallisen kuningaskunnan eri tasoista.

Ristin Sanoma

Voimallinen herätysviesti kaikille niille jotka ovat hengellisesti nukuksissa. Tästä kirjasta sinä löydät Jumalan todellisen rakkauden ja syyn siihen että Jeesus on Pelastaja.

Helvetti

Vilpitön viesti koko ihmiskunnalle Jumalalta, joka ei tahdo yhdenkään sielun joutuvan helvetin syvyyksiin! Sinä löydät koskaan aikaisemmin paljastamattoman kuvauksen Helvetin julmasta todellisuudesta.

Henki, Sielu ja Keho I & II

Kirja selittää Jumalan alkuperän ja muodon, henkien tilat, ulottuvuudet sekä pimeyden ja kirkkauden, jakaen meille salaisuuksia joiden avulla me voimme tulla hengen täyteyden ihmisiksi jotka voivat ylittää ihmisten rajoituksia.

Uskon Mitta

Minkälainen asuinsija sinulle on valmistettu taivaaseen ja minkälaiset palkkiot odottavat sinua siellä? Tämä kirja antaa sinulle viisautta ja ohjeistusta jotta sinä voisit mitata uskosi määrän ja kasvattaa uskostasi syvemmän ja kypsemmän.

Herää, Israel

Miksi Jumala on pitänyt katseensa Israelissa aina aikojen alusta tähän päivään saakka? Minkälainen suunnitelma on laadittu Messiasta odottavan Israelin viimeisiä päiviä varten?

Elämäni ja Uskoni I & II

Uskomaton hengellisyyden aromi elämästä joka puhkesi vertaistaan vailla olevaan rakkauteen Jumalaa kohtaan tummien aaltojen, kylmien ikeiden ja syvän epätoivon keskellä.

Jumalan Voima

Välttämätön teos joka opastaa kuinka omata aitoa uskoa ja kuinka kokea Jumalan ihmeellinen voima.

www.urimbooks.com

www.ingramcontent.com/pod-product-compliance
Lightning Source LLC
LaVergne TN
LVHW041807060526
838201LV00046B/1156